(vers 1880)

?oo

(80,49E)

manque l'eau-forte.
In des 500 Hollande non numérotes ?-

ZIGZAGS LYONNAIS

AUTOUR DU MONT-D'OR

TIRAGE :

3 exemplaires papier chine.

5oo exemplaires papier de Hollande.

AIMÉ VINGTRINIER

Zigzags Lyonnais

AUTOUR DU MONT-D'OR

Orné d'un Portrait et de quatre Eaux-fortes

AVEC BIOGRAPHIE DE L'AUTEUR

PAR FÉLIX DESVERNAY

LYON

LIBRAIRIE GÉNÉRALE HENRI GEORG

65, Rue de la République, 65

✳

NOTICE

BIOGRAPHIQUE ET LITTÉRAIRE (1)

Monsieur Marie-Emile-Aimé Vingtrinier, l'auteur du délicieux volume que la librairie Georg publie aujourd'hui, est né à Lyon, le 31 juillet 1812. Fils d'un négociant, juge au Tribunal de commerce, il passa les premières années de sa jeunesse au château de la Barre, ancien fief, belle et vaste propriété, demeure de plaisance de sa famille, située près du bourg d'Ambérieu, au pied des pittoresques montagnes du Bugey.

(1) Les lignes qu'on va lire sont extraites d'une notice biographique et littéraire plus complète que M. Félix Desvernay, directeur et rédacteur en chef du *Lyon-Revue*, a publiée sur M. Vingtrinier en 1877. Nous engageons les lecteurs qui désireraient avoir de plus amples détails sur la vie et les œuvres de notre auteur, à se procurer cette intéressante étude, en vente à notre librairie, 65, rue de la République. (*Note de l'éditeur.*)

En 1824, il quitta ce délicieux séjour pour entrer au collège de Poncin, où il fit de fortes études sous la direction de M. Bochard, homme d'une rare érudition, docteur en Sorbonne et ancien grand-vicaire du cardinal Fesch.

A dix-huit ans, ses études terminées, il revint à la Barre où la plus large hospitalité attirait une nombreuse société. La chasse, l'équitation, l'escrime, les courses à perdre haleine dans les montagnes, occupaient le temps que ne lui prenaient pas ses travaux sur l'histoire du Bugey et de la Savoie; il ne rêvait que de faire pour ses chères montagnes ce que Walter Scott avait fait pour l'Ecosse, et, sans guide, sans conseil, il se plongea dans l'archéologie du moyen âge, insouciant du mouvement actuel des esprits.

Ce fut aussi pendant ce temps que, livré à toutes les fantaisies de sa verve poétique, et à l'abri des inquiétudes de l'avenir, il composa une partie des *Bugésiennes*. Ces petits poèmes, où, malgré quelques incorrections et des formes légèrement étranges, un parfum primitif et franc s'exhale, un air de vie et de jeunesse souffle à plein bord, sont inspirés pour la plupart, comme leur nom l'indique, par la nature des lieux-mêmes que le poète a longtemps habités, par la contemplation de ce magnifique spectacle que présente le Bugey, pays agreste, sauvage, accidenté, qui est pour ainsi dire le vestibule de la Suisse, et qui vous en donne comme un avant-goût. Aussi il le chante, ce pays, avec amour, avec passion même. Sa plume rencontre des expressions en harmonie parfaite avec la splendeur de la contrée qu'il célèbre; son pinceau se nuance au milieu des descriptions les plus exactes et les plus fidèles des mille couleurs du prisme enchanteur de la fantaisie et de l'imagination. Soit qu'il écoute le ruisseau qui babille dans la vallée; soit que, se reportant par un doux effort à l'époque naïve du moyen âge, il s'arrête à nous raconter les amours d'une belle et les faits d'armes d'un preux chevalier, ou bien encore qu'éveillant le monde perdu des légendes, il fasse danser autour de nous le *gentil troupeau des fantastiques fées* et ressuscite la pieuse romance du troubadour, partout circule une pensée tour à tour gracieuse, fine, spirituelle, partout se font jour des sentiments d'une délicatesse exquise, et les vers qui les enferment, par une habile disposition, les font ressortir comme une pierre précieuse enchâssée sur une bague.

Mais ces jours heureux de liberté et de

gaîté folle ne devaient pas, hélas ! avoir de lendemain.

Son père, Artus Vingtrinier, juge consulaire, homme actif, probe et ferme, avait ouvert une importante voie de communication entre la place de la Préfecture et le quai de la Saône. Les guerres civiles et surtout la terrible inondation de 1840 déprécièrent les immeubles de cette rue ; et la spéculation, qui devait être brillante, devint désastreuse. La Barre et toutes les propriétés de la ville et de la campagne furent alors vendues, et notre jeune poète se vit douloureusement obligé de demander à l'industrie les ressources que lui refusait la fortune.

Toutefois, cette nouvelle existence ne devait pas étouffer l'ardeur poétique dans son âme, comme cela n'arrive que trop souvent, chez les esprits indécis et flottants, qui n'ont reçu qu'une froide étreinte de la muse. Aussi les voyages qu'exigeait sa nouvelle position industrielle, loin de le distraire et de dissiper ses facultés naturelles, lui fournirent au contraire de nouvelles inspirations. Et c'est pendant ces tournées commerciales qu'il produisit cet autre recueil de poésies qui a pour titre : *les Voyageuses*, ouvrage qui nous montre une

nouvelle manière de l'auteur et un progrès
réel, moins peut-être dans l'inspiration poétique que dans la science de la forme, la correc-
tion et l'harmonie du vers. Le poème de *Ma-
zagran,* le plus important de la série, est un
épisode guerrier bien dessiné; le récit est
chaud, vif, entraînant. La fumée de la poudre,
le courage de nos soldats, la *furia* française,
ont animé sa plume et lui ont communiqué
une certaine vigueur, une fermeté qui tranche
avec les procédés littéraires habituels de l'auteur. On comprend vite, en parcourant ces pages héroïques, que le vers a été travaillé et que
la pensée est éclose sous le ciel brûlant de
l'Afrique.

Cependant, cette vie agitée, qui peut conve-
nir dans une certaine mesure au jeune âge,
fortifier l'esprit et élargir le cercle des idées,
doit plus tard faire place au repos et au recueil-
lement, si nécessaires à la production d'œuvres
fortes et durables. Heureusement, une circons-
tance toute particulière vint l'arracher à ces
occupations aventureuses, que la nécessité
seule lui avait imposées, et opérer ce changement tant désiré, en lui assurant des moyens
d'existence dans une situation plus en rapport
avec son humeur et ses inclinations. En effet,

M. Coste, conseiller honoraire à la Cour d'appel de Lyon, savant bibliophile et amateur éclairé des belles-lettres, désirant mettre en ordre la vaste collection de livres rares et précieux et de documents de toutes sortes, qu'il recueillait depuis de longues années, au prix des plus grands sacrifices, s'adressa à notre poète pour l'aider dans sa tâche et le reçut dans sa maison à titre de bibliothécaire.

Ce fut pendant son séjour chez cet homme, aussi aimable qu'affectueux, après quelques mois de pratique et guidé dans son travail par les maîtres dans l'art de la bibliographie, que M. Vingtrinier rédigea le catalogue de cette riche bibliothèque; travail important, qui exigeait non moins de sagacité que de peine et de soins, et dont le rédacteur a poursuivi et achevé l'exécution, avec un talent et une persévérance qui lui assurent la gratitude des bibliophiles sérieux et intelligents (1).

Doué d'une prodigieuse activité et d'une facilité de travail peu ordinaire, M. Vingtrinier, en même temps qu'il remplissait ces fonctions qui s'harmonisaient si bien avec son humeur et

---

(1) *Catalogue de la bibliothèque lyonnaise de M. Coste.* — 2 vol., Lyon, Louis Perrin, in-8° de 840 pages, avec un très beau portrait.

ses goûts, produisait de nouveaux ouvrages, se mettait en relation avec les écrivains, les critiques, les journalistes, dont il avait éveillé l'intérêt et excité la sympathie par la publication récente des *Bugésiennes* et des *Voyageuses*, qu'une position défavorable ne lui avait pas permis de mettre au jour plus tôt. Le journal le *Rhône*, feuille officielle, qui avait sollicité un des premiers sa collaboration, insérait à ce moment dans ses colonnes deux charmantes Nouvelles foréziennes, intitulées : *la Dame d'Urfé* et *Prêve de Forez*, qui contiennent des détails très curieux sur les mœurs et les coutumes du moyen âge, et qui par le dialogue vif et animé et les descriptions, un peu trop chargées peut-être, dont elles sont semées, rappellent la forme ingénieuse des romans de Walter Scott.

Enfin parurent : les *Journaux de Lyon*, étude sérieuse (1), pleine d'intérêt et de renseignements précieux sur l'histoire de la presse lyonnaise, et dont il nous donne lui-même une

---

(1) *Histoire des Journaux de Lyon.* Première partie, de 1677 à 1814. Lyon, Léon Boitel, in-8° de 118 pages, tiré à 100 exemplaires. Offert aux amis de l'auteur. Ce volume est de toute rareté ; on attend encore la deuxième partie.

idée exacte dans ces lignes simples et atten-
dries qui en forment l'avant-propos.

« Avant de faire mes adieux, dit-il, à la bibliothèque de M. Coste, à ces livres que je ne
pensais pas quitter si tôt, à cette riche collection amassée avec tant de persévérance et de
soins, et dont la réputation était si étendue, je
viens soumettre à mes compatriotes des notes
écrites pour mon usage, bien incomplètes sans
doute, mais qui feront juger de l'abondance
des matériaux que j'avais sous la main. Pendant quatre ans, j'ai réuni ces documents qui
me servaient lorsque des visiteurs venaient
consulter les journaux de notre ville. Aujour-
d'hui que je vois s'approcher le moment où il
ne me sera pas possible de répondre aux deman-
des des bibliophiles et des curieux, je livre mes
notes à l'impression pour l'utilité du public et
pour honorer la mémoire de celui qui avait
passé trente années de sa vie à réunir tant de
trésors. »

Cette préface, qui annonce aux collection-
neurs qu'ils pourront jouir du fruit des patientes
recherches de M. Vingtrinier dans la bibliothèque Coste, est à la fois un touchant hommage et pour ainsi dire, une délicate prise de
congé en quittant « cette belle et bonne maison, »

comme l'appelait Jules Janin, qui sans doute a laissé dans son esprit le plus agréable souvenir.

Nous allons donc trouver notre poète dans une nouvelle situation. Comme Proudhon, le célèbre publiciste, comme Balzac, le fécond romancier, il se fait imprimeur.

Cette noble profession, qui touche par un côté à l'industrie, se rattache aussi par un autre à la culture des belles-lettres ; ce qui suffirait à expliquer pourquoi bon nombre d'écrivains, même des plus éminents, n'ont pas cru déroger en associant à l'étude de la littérature la pratique de la sublime invention de Gutenberg. Parmi les noms les plus connus, citons au XVIe siècle Estienne Dolet, cette victime de l'intolérance et des passions de partis ; Cazin, du siècle dernier ; Didot l'ancien ; Franklin, l'humanitaire ; et de nos jours, notre immortel Béranger, l'érudit Ambroise-Firmin Didot, Pierre Larousse, l'intelligent compilateur, Henry Plon, Dentu, Lahure, Jouaust et tant d'autres.

Ne nous étonnons donc pas de la résolution que prit M. Vingtrinier. Du reste, une occasion se présenta, qui en fut pour ainsi dire la cause déterminante.

En 1852, l'infortuné Boitel, à la suite de sérieux embarras dans ses affaires, provoqués en grande partie par la révolution de 1848, fut obligé de vendre son imprimerie du quai Saint-Antoine, et le 1er juillet de la même année, il la cédait, ainsi que la propriété de la *Revue du Lyonnais*, à M. Vingtrinier qui, à force de travail et d'ingénieux procédés, non seulement sut maintenir cet important établissement à la hauteur où Boitel l'avait d'abord placé, mais lui imprima une activité nouvelle et un développement considérable.

Pendant plus de 25 ans, le courageux écrivain a fait un labeur écrasant et devant lequel aurait reculé une nature d'une trempe moins énergique. Il semble s'être inspiré de cette belle pensée que le grand orateur romain a exprimée et si bien réalisée dans toute sa glorieuse existence : — *virtus, in usu sui tota posita est*. Au milieu des préoccupations nombreuses que comporte une industrie comme celle de la presse, il a trouvé encore le temps d'écrire ses ouvrages les plus sérieux, ceux qui ont établi sa réputation et lui assurent une place des plus honorables parmi les littérateurs contemporains. Ne pouvant les analyser tous, ce qui nous mènerait trop loin, nous allons nous borner à en faire l'énumération, à signaler ceux qui ont le plus fixé notre attention, et à exprimer en même temps les réflexions que leur lecture nous a inspirées.

C'est d'abord les *Traditions populaires*, que M. Aimé Vingtrinier a rédigées en collaboration avec Désiré Monnier. La partie qui concerne le Rhône et l'Ain lui appartient tout entière ; elle est remarquable surtout par la richesse et la curiosité des notes qu'elle contient, et aussi par l'exposé concis des naïves croyances de nos ancêtres.

Cet ouvrage qui avait été publié chez Dumoulin, libraire, à Paris, a été réédité, en 1874, par la librairie Henri Georg, avec des additions, sous ce nouveau titre : *Croyances et Traditions populaires recueillies dans la Franche-Comté, le Lyonnais, la Bresse et le Bugey* (Règnes de la terre et de l'air) *in-8°* 812 pages).

En 1859, parurent les *Vieux papiers d'un imprimeur*. Les pièces les plus remarquables de ce recueil sont : *Prêve de Forez, la Dame d Urfé*, Nouvelles foréziennes (en prose), *Souvenir d'un Négrier* (ibid.) ; quelques proverbes ; *Un déjeuner* (prose et vers), *Une faute* (en vers), et enfin les *Epines*, poésies diverses.

Plus tard, M. Vingtrinier offrait à ses amis une œuvre où se révèle le talent souple et varié de l'écrivain, et qui montre que s'il avait eu le désir d'aborder le théâtre, il n'y eût pas moins réussi que dans les autres genres littéraires qu'il a plus particulièrement cultivés. Nous voulons parler du petit drame en deux actes et en vers intitulé : *Un amour malheureux*, qui, comme on l'a dit avec raison, mérite de tenir sa place dans la galerie où le *Passant* de M. Coppée brille au premier rang. Cette pièce, qui renferme de jolis vers, surtout dans le premier acte, se fait remarquer par des situations bien conduites, des péripéties heureusement nouées et une conclusion d'un pathétique éloquent et bien inspiré.

Vers 1870, le libraire Scheuring exprima à M. Vingtrinier le désir d'être son éditeur, comme il avait été celui de plusieurs de ses amis, entre autres celui de Joséphin Soulary. — Ce fut alors qu'il se décida à tirer de son portefeuille et à lui offrir des pièces détachées qui furent réunies sous un titre que nous connaissons déjà : *Vieux papiers d'un imprimeur.*

Dans ce nouveau recueil se trouvent des fragments des *Bugésiennes* et des *Voyageuses*; et si l'auteur a cru devoir les reproduire, c'est

que ces deux derniers ouvrages, tirés à petit
nombre, étaient depuis longtemps complètement épuisés. — Inutile d'ajouter que ces
pièces ont été choisies parmi les plus belles.
Quant aux œuvres encore inédites et qui cons-
tituent le fond de ce beau volume, le cadre
resserré de notre travail ne nous permet pas
de les examiner en détail; mais nous voulons
cependant saluer en passant la délicieuse création de : *Béatrix de Genève*, peinture ravissante des amours chastes et pures d'une jeune
fille, traversées, hélas ! par les discordes intes-
tines et les guerres acharnées qui déchirent sa
malheureuse patrie.

Enfin nous ne quitterons pas ce volume
sans signaler quelques apologues ingénieux,
qui ne seraient pas indignes de prendre place
à côté de ceux des fabulistes de ce siècle. —
Ajoutons que nous avons lu avec un vif plaisir
une lettre pleine de sens et de cœur, écrite à
Pierre Larousse en réponse à la critique mal
inspirée des fables de La Fontaine, qu'il avait
insérée dans le *Journal de l'Enseignement pratique.*

Citons encore :

1854 — *Fleury Epinat*, peintre lyonnais.
— *Bibliographie des artistes lyonnais*, in-12 de

26 pages. 1855 — *Recueil de pièces concernant la bibliothèque de Jean-Louis-Antoine Coste*, réunies et mises en ordre par M. A. Vingtrinier ; Lyon, in-8° de 242 pages. 1855 — *Notice nécrologique sur Léon Boitel*, fondateur de la *Revue du Lyonnais*; Lyon, Aimé Vingtrinier, in-8° de 8 pages. 1856 — *Hommage à Chateaubriand*, — quatre romances : *le Chant de l'amitié*, tiré des *Natchez*; *le Chant de Cymodocée*, tiré des *Martyrs* ; *le Chant de l'exil*, tiré d'*Atala* ; *le Dernier des Abencérages*; Lyon, Bonnaviat, titre colorié et doré, in-4°, illustrations. 1857 — *Album* — *Romances et morceaux* de musique de Francisque Gros, paroles d'Aimé Vingtrinier; Lyon, Bonnaviat, in-4°, illustrations. 1856 — *Simples notes*, par Aimé Vingtrinier, imprimeur, contre Jean-François Roux, au sujet de l'impression de deux volumes intitulés l'un : *La Fortune des campagnes*, traité pratique de l'éducation des abeilles; l'autre : *Les vers à soie*, traité pratique, graines, éducation, histoire; Lyon, in-4° de 11 pages. 1860 — *Notice sur J.-B. Hugon*, littérateur distingué, né à Lyon en 1797, mort dans la même ville, en 1860. 1866 — *Trois Chansons françaises*;— Lyon, in-8° de 16 pages. Le souffle patriotique circule à plein bord dans

ces trois chansons dont les journaux de Paris et de Lyon ont loué les nobles accents. Elles ont pour titre : *L'Aigle de France, Les Soucis de Charlemagne, Chant gaulois.* 1866 — *La paresse d'un peintre Lyonnais;* — Lyon, Aimé Vingtrinier, in-8° de 24 pages. Cet opuscule, consacré à la mémoire d'Anthelme Trimolet, un des peintres les plus distingués de notre École lyonnaise, est précieux par les renseignements qu'il nous fournit sur la vie et les œuvres de cet artiste, dont le talent a pu être comparé, sans exagération, à celui des maîtres hollandais, et qui fut à la fois peintre, écrivain et poète. 1867 — *Nécrologie : Antoine Pericaud,* bibliothécaire de la ville de Lyon. 1867, — *Rapport lu à la Société littéraire de Lyon au sujet de la candidature de M. Léon Gontier.* 1869 — *De la suppression des brevets d'imprimeurs et de libraires.* 1869 — *Esquisse sur la vie et les travaux de Arthur de Viry.* 1869 — *Bluettes et Boutades par Petit-Senn,* compte rendu, par Aimé Vingtrinier. 1870 — *La Société littéraire de Lyon,* Poésie. 1870 — *Anne de Geierstein ou la prophétie,* grand opéra, tiré de Walter Scott; — Paris, Arnault de Vresse, in-12 de 115 pages. 1871. — *La Caisse d'Epargne de Lyon,* monument dû à M. Léon

Charvet, appréciation, par Aimé Vingtri-
nier. 1871 — *Les richesses de M. Alexis*;
Lyon, Aimé Vingtrinier, in-8° de 16 pages.
M. Alexis était un graveur lyonnais très distin-
gué. Par son testament, il a donné au Musée
de la ville trois tableaux d'un grand prix :
une toile magistrale d'Holbein, le *Marché de
Saint-Just*, par Bellay, et son portrait à lui, par
Trimolet. 1871 — *Clotilde de Surville*, par
M. Antoine Macé, compte rendu, par Aimé
Vingtrinier. 1872 — *Notice sur François Le-
page*, peintre de fleurs. 1873 — *Notice sur
Etienne-François Coignet*, jurisconsulte, jour-
naliste, poète. 1873 — *Notice sur Maurice
Simonnet*, littérateur distingué, auteur d'un
Eloge de Jacquard, d'un Essai sur la noblesse de
France... 1875 — *L'Education réparatrice*,
rapport sur le concours ouvert en 1874 par la
Société nationale d'Education de Lyon. 1877 —
Léon Cailhava, bibliophile lyonnais, esquisse;
— Lyon, Glairon-Mondet, in-8° de 72 pages.
Le nom de Cailhava n'a été, croyons-nous,
qu'un prétexte pour mettre en scène les écri-
vains et les artistes les plus brillants de la glo-
rieuse génération de 1830, à Lyon. 1877 — *Paul
Saint-Olive*, archéologue lyonnais. id. — *Un
poète oublié, Claude Mermet, de Saint-Ram-*

bert en Bugey. 1878 — *Henri Marchand et le globe terrestre de la bibliothèque de Lyon*, travail curieux, dit M. Varembey, un des biographes de notre auteur, qui fait voir que l'existence des grandes mers intérieures de l'Afrique, découvertes avec tant de bruit par les Grant, les Livingstone, les Stanley, était connue longtemps avant la naissance de ces intrépides voyageurs, et que ces lacs avaient été décrits et dessinés avec leur position et leurs contours dès 1700, sur le globe gigantesque qui orne la bibliothèque de Lyon. 1879 — *Notice sur Paul Eymard; La statuette d'Oyonnax*, description d'un beau *Mars* gallo-romain, trouvé en 1788 près d'Oyonnax en Bugey. Ce travail fait partie de la série des travaux intéressant notre province que publie la librairie Georg sous ce titre : *Collection Lyonnaise.* 1882 — *Les vieux châteaux de la Bresse et du Bugey*, avec vues et portrait, gros volume in-8°, ouvrage édité par la librairie Georg, et malheureusement épuisé. 1882 — *Fantaisies Lyonnaises*, récits humoristiques, où se trouve la fine fleur de cet esprit charmant avec tout son parfum, son éclat, ses mille couleurs; là, le trait qui part et qui arrive bien, ici, un entrain prime-sautier, je ne sais quelle vie, quel mouvement, quel éclair, tout enfin ce qui caractérise essentiellement le talent de notre auteur et qui constitue sa véritable originalité.

A part les différents ouvrages que nous venons de passer en revue, M. Vingtrinier a produit un grand nombre de travaux historiques et archéologiques pour lesquels il a dû se livrer aux plus longues et plus minutieuses investigations; et en les parcourant nous avons pu constater que les aptitudes d'écrivain élégant n'excluaient pas chez lui le sérieux scientifique et la rigoureuse exactitude que réclament impérieusement la science et l'histoire. Parmi ces ouvrages signalons : 1847 — *Observations sur un ouvrage intitulé : Courses archéologiques dans le département de l'Ain*, par M. Sirand de Bourg; 1850 — *La grotte d'Hautecour dans le Revermont (Ain). Etude*; 1860 — *Documents sur la famille des de Jussieu*; 1862. — *Note sur l'invasion des Sarrasins dans le Lyonnais*; 1871 — *L'oratoire de Joachim de Mayol, prieur et seigneur de Vindelle*; 1872. — *Histoire du château de Varey en Bugey*, in-8º de 125 pages avec planches, Lyon, Aimé Vingtrinier, etc...

M. Vingtrinier, qui a vendu son imprimerie en 1875, est aujourd'hui conservateur de la magnifique bibliothèque de notre ville, et, grâce à son activité et ses précieuses connaissances bibliographiques, il a pu apporter un peu d'ordre dans cette vaste collection qui jusque là avait laissé quelque peu à désirer, de l'aveu même du public lettré et érudit.

Toutefois, les préoccupations de sa nouvelle charge ne l'ont pas détourné entièrement de ses travaux littéraires qu'il poursuit vaillamment. C'est dans l'exercice de ses nouvelles fonctions qu'il a produit cette charmante notice sur Pierre Dupont, notre immortel chansonnier, ce remarquable travail sur Montessuy, peintre lyonnais, et cette étude sur deux inscriptions lyonnaises dont le *Lyon-Revue* a profité, et nous savons qu'en ce moment il achève la biographie d'un nos compatriotes Anthelme Sève, plus connu sous le nom de Soliman-Pacha. Ceux qui ont apprécié la nature énergique et aventureuse de cet illustre Lyonnais, un des plus grands hommes de guerre de notre siècle, créateur des armées égyptiennes, vainqueur des Grecs, des Turcs et des Arabes, qui, touchant aux deux extrémités de la gloire et de la fortune, après avoir éprouvé les angoisses de la misère, a dompté la destinée, commandé des armées, gagné des batailles, délivré sa patrie d'adoption et mis l'empire ottoman à deux doigts de sa perte; ceux-là, disons-nous, trouveront dans cette histoire de conscience, écrite pièces en mains, tout l'attrait qui s'attache aux œuvres de pure imagination.

Telle est à grands traits l'histoire de la vie bien modeste, mais bien remplie d'un de nos écrivains lyonnais les plus estimés, et dont on peut dire que, par ses ouvrages, il a enrichi l'écrin littéraire déjà si riche de notre Province, qui n'est pas seulement la patrie du commerce et du plaisir, mais encore, celle des arts et des lettres, et qui s'honore d'avoir donné le jour à Louise Labé, Maurice Scève, Pernette du Guillet, Ozanam, Ampère, Ballanche, Pierre Dupont, Victor de Laprade, Jean et Barthélemy Tisseur, Joséphin Soulary et tant d'autres illustres écrivains.

FÉLIX DESVERNAY.

Zigzags Lyonnais

AUTOUR DU MONT-D'OR

« Au pays de Gaule eust une moult
bonne contrée appelée Lyonnois, en
laquelle estoit assise une des meilleures
villes du monde, appelée Lion, laquelle
estoit plantureuse et riche de tous biens,
tant par la situation et fertilité du lieu
que par deux rivières dont l'une estoit
appelée *Arar*, passant par le milieu
d'icelle, et l'autre non moindre appelée
le *Rosne*, laquelle passe à nez des murs
du cousté du levant. »

(L'*Histoire de Palanus, comte de
Lyon, mise en lumière; jouxte le manuscrit de la Bibliothèque de l'Arsenal,*
par Alfred de Terrebasse. Lyon, chez
Louis Perrin, 1833, in-8, tiré à 120 ex.)

ZIGZAGS LYONNAIS

AUTOUR DU MONT-D'OR

————

En route ! Voici le printemps ; un gai soleil illu-
mine la campagne et sèche les sentiers humides.
Allons, touriste, sac au dos! prends ton bâton et
quitte la ville. Viens où les buissons fleurissent,
où les pâquerettes éclosent, où on respire le grand
air, où la vue s'étend au loin et où l'on s'asseoit à
terre en toute liberté.

Mais, avant de nous élancer dans l'espace, ne
soyons pas ingrats pour les beautés que la nature
a prodiguées autour de nous et jetons un dernier
coup d'œil sur ce magique bassin de la Saône
autour duquel est groupé le vieux Lyon.

Allez en Italie, allez en Suisse; évoquez dans vos
souvenirs tous les paysages célèbres; avez-vous
rien vu de comparable à cet amphithéâtre qui nous

entoure de monuments et de souvenirs ? Là-bas,
au midi, voici le ravissant coteau de Sainte-Foy
couvert de châteaux et de villas; plus près, le grand
séminaire et Saint-Georges. Une place encore un
peu sauvage et un large quai ont remplacé une
commanderie des hospitaliers de Saint-Jean-de-
Jérusalem, dont les vieux Lyonnais ont gardé le
souvenir; en avant, le pont Tilsitt; au couchant,
la cathédrale, cette vieille métropole des Gaules
qui a, sous ses voûtes, abrité deux conciles et a
gardé les noms d'illustres archevêques et de grands
personnages; au-dessus, le vieux palais des empereurs romains, hospice aujourd'hui, et cette chapelle de Fourvière connue de l'univers entier;
précisément au-dessous, le Palais de Justice que
nous nous dispenserons de louer, quoique son
architecte soit de Paris et que sa colonnade sur le
quai ne laisse pas que de produire un certain effet
théâtral.

Derrière nous, au levant, étaient jadis deux couvents renommés : celui des Célestins, riche des
dons de la maison de Savoie, aujourd'hui théâtre
élégant, et celui des Antonins qui avait le privilège
bien en règle et bien reconnu, de laisser ses troupeaux de porcs errer en liberté et vivre en maîtres
sur le quai de la Saône, dans la rue Mercière, et
sur la place des Jacobins. Ces couvents n'existent
plus, mais la rue Mercière vit encore, ou plutôt
elle vivote, car elle n'a plus ces imprimeurs célèbres dont les éditions si élégantes et si pures
allaient jusqu'à l'extrémité de l'univers.

Voici à droite Saint-Nizier, dont les flèches per-

cent les nues, et dont le portail offre une singu-
lière anomalie; une entrée païenne à un monument religieux. Ce chef-d'œuvre de Philibert
Delorme désespère les artistes qui voudraient le
voir partout ailleurs. En face de Saint-Nizier, s'éle-
vait autrefois la chapelle de Saint-Jacquême, berceau de la liberté des bourgeois de Lyon.

Un savant et sympathique écrivain, M. de Valous,
que nous venons de perdre, en a publié l'histoire.
C'est ici que battait le cœur de la cité.

Quand, las du joug des Comtes, les bourgeois
voulaient arracher au pouvoir quelques libertés,
ils se réunissaient au son de la petite cloche de
Saint-Jacquême; délibéraient dans l'église ou sur la
place et envoyaient leur ultimatum à l'autorité, fortifiée dans son cloître, de l'autre côté de l'eau. Un
vieux pont étroit, bâti sur les rochers de la Saône,
unissait les deux quartiers rivaux, la ville ancienne
et la ville nouvelle. Si la guerre civile éclatait,
aussitôt les belligérants cherchaient à s'emparer du
vieux pont. Qui le possédait n'était pas loin d'avoir
les clefs de la maison de son adversaire.

Le vieux pont de Pierre, le pont de Saône,
comme il s'appelait quand il était seul, a été remplacé par un pont large et solide qui n'a qu'un défaut, de n'avoir pas ses piles au fil de l'eau.

En le reconstruisant, on crut devoir lui donner
un nouveau nom, pont de Nemours; aujourd'hui,
officiellement, c'est le pont du Change, en souvenir
du Change qui s'y tenait autrefois. A son extrémité occidentale, sur la rive droite de la Saône, on
aperçoit le temple des Protestants, autrefois le

Change, ou la Bourse, quand la Banque et la finance étaient de ce côté de la rivière.

Ce joli monument est dû à Soufflot. Il portait jadis une inscription devenue célèbre : *Virtute duce, comite Fortuna*. Depuis longtemps, cette devise a disparu et personne n'a eu la pensée de la rétablir sur le fronton de la nouvelle Bourse, du nouveau Change, où, à en croire certaines gens, les Lyonnais encensent plutôt la Fortune que la Vertu.

Ne quittons pas le pont de Pierre sans rappeler que, du côté de Saint-Nizier, une arche appuyée contre des murs trapus et massifs, s'appelait l'*arc merveilleux* ou *arche merveilleuse*, en souvenir de la fête des merveilles, célébrée chaque année au mois d'août, en l'honneur des martyrs, compagnons de saint Irénée. Un bateau, richement pavoisé, partait de Pierre-Scize, de la chapelle consacrée à saint Epipoy, martyr. Un clergé nombreux remplissait ce bateau et chantait des litanies. On passait sous l'arche merveilleuse, la plus propice à la navigation ; la barque glissait rapide sur ce courant dangereux, appelé la *Mort-qui-trompe*, et descendait jusqu'à Ainay où elle s'arrêtait. Le clergé et la foule revenaient ensuite processionnellement à Saint-Nizier, où la cérémonie religieuse finissait.

Aussitôt, la fête profane commençait. Un taureau était lancé à travers une trappe, ouverte au milieu du pont et tombait dans les eaux bouillonnantes de la Saône. Dès qu'il avait passé la *Mort-qui-trompe*, il était assailli par une nuée de petits bateaux montés par des mariniers armés de gaffes, de piques et de grapins. Il était mis à mort aux cris de joie de la foule, débarqué et dépecé au bas du quai Saint-Antoine, dans une rue transversale qui en avait pris le nom de rue *Ecorche-bœuf*.

Ce spectacle était féroce, j'en conviens, et sa suppression était nécessaire, mais pourquoi ôter son nom historique et caractéristique à cette rue qui rappelait ainsi un si curieux souvenir? Pourquoi ôter toute originalité à une ville en lui enlevant ses vieux noms? Votre délicate pudeur s'est effarouchée des appellations que portaient primitivement la montée des Chazeaux et le prolongement de la rue Lanterne; mais, prenez garde. Si vous avez si peur de certains mots; si, valant mieux que nos pères et voulant parler avec plus de vergogne, vous nommez toutes vos places et vos rues, place de la Victoire ou rue de la Liberté, on ne distinguera plus Lyon de Bordeaux, Paris de Marseille. Plus de rue Mercière, plus de Canebière, plus de rue du Bac, et nous tomberons dans une uniformité désespérante. Faites un pas de plus, donnez à vos rues des numéros. Dites: rue Deux, rue Trois, rue Quatre, et nous serons arrivés au point culminant de la monotonie et de l'abrutissement.

Dès lors, plus de passé, plus de souvenirs, plus d'amour de sa ville natale, plus de patriotisme, plus de ce dévoûement qui vous lie au foyer paternel.

Nous sommes enfants de l'univers, et que la Savoie appartienne à l'Italie ou à la France, cela nous est bien égal.

Mais nous voilà bien loin de la rue Ecorchebœuf et du Pont de Pierre.

L'ancien pont, si pittoresque, surtout avec les

maisons qui chargeaient l'arche merveilleuse et la petite chapelle qui marquait le milieu de la rivière, a été remplacé par un pont d'ingénieur, froid, solide et régulier. Commencé en 1843, il fut brûlé le 24 août 1845 par deux bateaux de foin qui s'en allaient à la dérive, incendiés par une fusée lancée par des écoliers.

L'ancien pont avait terminé son histoire par un événement terrible. Le 1er mai 1845, des malheureux avaient été écrasés par la foule, à la suite d'un feu d'artifice ; le nouveau, bâti à côté de lui, commençait la sienne par un incendie ; c'était d'un triste présage pour l'avenir. Rien n'est venu confirmer les augures qu'on aurait pu en tirer.

Sous le pont était un barrage de rochers, une île qui gênait la navigation, mais qui, en été, était couverte de baigneurs. On s'en souvient ; quelle foule, quelle animation ! quelles têtes on piquait dans les tourbillons de la Mort-qui-trompe ! Aujourd'hui, on a enlevé les rochers à force de millions ; les bateaux passent, mais, la moitié de l'année, ce sont les eaux qui ne passent plus. Le dégagement du lit de la rivière a fait baisser le niveau de l'eau jusqu'à Trévoux, et, pour rétablir la navigation interrompue, on a été obligé de refaire un barrage factice à l'Ile-Barbe. C'était bien la peine, ma foi ! autant aurait valu de suite faire l'encaissement sous l'arche des merveilles ; on eût dépensé quelques millions de moins, et c'eût été pour la ville une curiosité de plus.

Malgré l'ouverture de nouveaux quartiers et le déplacement de la population qui a trop quitté le beau quai Saint-Antoine, le Pont de Pierre est encore une des artères les plus vivantes de la cité ; il porte une ligne de tramways fréquentée et, sous ses arches, s'engouffrent sans décesser une flottille de *Mouches*, les grandes *Guêpes* qui vont à Colonges, les *Parisiens* qui vont à Mâcon, les vins et les bois de la Bourgogne, les charbons du Forez, les pierres et les fers dont le chemin de fer ne veut pas se charger, et enfin cette nuée d'embarcations de toutes formes, canots, barcots ou périssoires qui prouvent le goût de la population lyonnaise pour la navigation.

Qui remonte la Saône en Mouche voit, à sa droite, le quai de la Pêcherie, devenu, sous la Restauration, quai du duc de Bordeaux ; sous le gouvernement de Juillet, quai d'Orléans ; redevenu quai de la Pêcherie, depuis la République. A gauche, on a le quai de Bondy, qui a remplacé la rue de la Saulnerie quand, au siècle dernier, les maisons de ce quartier cessèrent de se baigner dans les eaux de la Saône.

C'est dans ce quartier qu'étaient les belles auberges de la ville : le *Chapeau rouge* et le *Porcelet* où descendaient les voyageurs importants. C'est au Porcelet que le plancher écrasa, en 1540, trois gentilshommes couchés dans le même lit.

Juste au milieu du quai de la Pêcherie se trouvait jadis l'église de la Platière, bâtie par l'archevêque Leydrade, au commencement du IXe siècle.

Du prieuré comme de la paroisse, on parle peu ; mais on se souvient encore d'un idiot fameux, qui est resté comme un type, et quand on veut parler d'un filou à face honnête, on dit volontiers : *il est comme l'innocent de la Platière, qui prenait les sous pour des liards.*

Le port de la Feuillée, auquel nous arrivons, est le port des voyageurs qui vont aux Terreaux.

Là, jadis, finissait la ville. Au loin, là-bas, sur la colline était le campement des Gaulois. Là, était, dit-on, le confluent du Rhône et de la Saône, chose à discuter ; là, fut le temple d'Auguste, érigé par soixante nations gauloises ; là, fut le berceau de nos pères toujours irrités contre la montagne voisine occupée par les Romains.

Un fossé qui unissait la Saône au Rhône fut creusé au moyen âge et l'emplacement prit le nom de Terreaux.

Le quartier où nous sommes est neuf.

Il y a un demi-siècle à peine, à la place où s'élèvent de splendides constructions, s'étendait, du levant au couchant, la boucherie des Terreaux, passage dallé, en pente, bordé d'échoppes sordides, au fond desquelles nombre de fortunes lyonnaises se sont faites. Derrière la Boucherie, au midi, se cachait la rue du Bessard, sur laquelle nous jetterons un voile épais.

Le pont de la Feuillée, sous lequel nous sommes, rappelle par son nom les tentes de feuillage sous lesquelles, autrefois, les mesureurs de blé et les bateliers qui stationnaient sur le quai se mettaient à l'abri. Le pont est solide quoique suspendu. Il remonte à 1837, et ne manque point d'élégance. Plus heureux que son confrère et voisin le pont Volant ou pont Seguin, ou encore pont du Palais de justice, car, avec notre manie de changements, nous embrouillons comme à plaisir notre histoire locale, le pont de la Feuillée résista, en 1840, aux efforts de l'inondation qui le couvrit sans l'entraîner, et les quatre lions qui, de leurs griffes puissantes, tiennent ses chaînes, se montrèrent dignes de leurs hautes fonctions, en ne lâchant pas le tablier qui leur était confié.

Que de personnages moins louables lâchent tout, quand ils aperçoivent le moindre danger.

Ici à gauche, autour de la place de l'Ancienne Douane, s'arrêtent toutes les vieilles pataches, qui desservent encore les montagnes du Lyonnais. Là se retrouve un coin du vieux Lyon. La rue Saint-Éloi rappelait une vieille chapelle et une recluserie d'hommes heureusement détruite. Là-bas s'enchevêtrent les rues Lainerie et Juiverie, séjour des opulents banquiers des siècles derniers ; des Treize-Cantons, de l'Angile, toutes aboutissant à l'ancienne Boucherie de Saint-Paul, dont vous chercheriez en vain les traces, et conduisant, amère dérision pour les opulents comptoirs des Médicis et des Gadagne, à la rue Misère qui passait en se tordant devant la vieille église de Saint-Paul.

Faut-il vous dire que la rue Misère aboutissait à la rue de la Poterie, qui tombait elle-même dans la rue de l'Épine ? C'est ici que florissait l'auberge des Grosses-Têtes, dont la célébrité a fait place à l'oubli le plus profond.

Je m'arrête à ce vieux quartier, que le chemin de fer de Monthrison a si profondément transfiguré, et à ces souvenirs en train de disparaître. La rue

Octavio-Mey a porté l'air et le soleil dans cet inextricable fouillis. De nouvelles voies sont tracées, nombre de masures sont tombées; la montée Saint-Barthélemy, la montée des Carmes-Déchaussés, la rue Saint-Paul, la place Gerson ne sont plus reconnaissables. La vieille église, hélas! a été restaurée dans ce style néo-gothique cher à la génération actuelle! Une statue de Gerson, œuvre du statuaire Bailly, rappelle un grand génie ami des pauvres; une gare élégante, bâtie au pied de la montagne, sur un emplacement gagné sur des rochers de granit d'une dureté extrême, engouffre à chaque instant des flots de voyageurs. Les rochers ont disparu devant le pic de la Compagnie des Dombes et maintenant le bruit, le mouvement, la vie ont remplacé le silence et la solitude qui régnaient dans ce quartier déshérité. Toute cette population remuante, qui suit les chemins de fer, s'est emparée des vieux hôtels abandonnés et remplace les pauvres ouvriers qui grelottaient naguère dans les opulentes demeures, bâties au moyen âge par les banquiers et changeurs italiens. Le pittoresque y a perdu; l'humanité s'en réjouit.

A droite, sur la colline, s'élève l'église du Bon-Pasteur, une des plus belles du département; œuvre d'un architecte, M. Clair Tisseur, qui tient la plume aussi bien que le crayon.

Plus haut encore, on voit le dôme élégant de Saint-Bruno-des-Chartreux, dû, non à Ferdinand de la Monce, comme le disent MM. Breghot du Lut et Péricaud, mais à Soufflot, d'après l'ouvrage si compétent de M. Pariset, un maître ès arts.

Au dessous, nous avons presque dépassé un monument sur lequel nous devons revenir.

Derrière l'église Notre-Dame de Saint-Vincent, récemment restaurée, est un vaste bâtiment auquel on ne parvient que par une rue étroite et sombre. Sa fortune fut agitée et diverse. Construit par les Augustins, dans les premières années du XIVe siècle, il fut couvent de 1308 à 1790 ; il abrita un concile, en 1512 ; il vit naître et se développer les premiers essais de l'art dramatique, sinon en France, du moins dans notre ville, et en 1493, Anne de Bretagne se passionna, ainsi que toute sa cour, aux représentations du Mystère de *sainte Madeleine*, joué dans ce cloître trop étroit pour contenir tous les spectateurs.

En 1506, les religieux jouèrent un autre mystère, *Saint Nicolas de Tolentin*, dont le succès fut tel, que Jean Neyron, riche bourgeois de Lyon, fit construire, à côté du couvent, un théâtre, uniquement consacré à donner des représentations dramatiques. Le spectacle entra dès lors dans les mœurs des Lyonnais, mais bien du chemin a été fait depuis, et les religieux qui jouèrent la *Création du monde* ne se doutaient guère qu'ils nous conduisaient à l'*Assommoir*.

Quand Cinq-Mars et de Thou furent exécutés, en 1642, sur la place des Terreaux, il fut alloué aux Augustins une somme de 500 livres, à prendre sur les 60,000 auxquelles nos malheureux conspirateurs avaient été condamnés. Nous disons malheureux pour de Thou, qui fut chevaleresque jusqu'à la folie. Quant à son criminel compagnon, nous ne chercherons point, malgré sa jeunesse, à émouvoir ou apitoyer nos lecteurs sur lui.

Pendant le siège de Lyon, le couvent des Augustins fut converti en hôpital; il abrite aujourd'hui cette célèbre école La Martinière, qui distribue si généreusement la science et l'éducation aux enfants des ouvriers et des travailleurs.

Mais d'autres souvenirs se rattachent au couvent des Augustins.

C'est près de son cloître, si ce n'est dans ses murs, comme on l'a dit et cru, que l'imprimerie lyonnaise a eu son berceau.

D'après la tradition admise et consacrée, Barthélemy Buyer, conseiller de ville, qui demeurait sur le quai de la Saône, près des Augustins, accueillit et reçut dans sa maison Guillaume Le Roy, imprimeur, élève d'Ulric Gering et de Martin Crants; ils s'associèrent, et de leurs presses sortit, en 1473, non le premier livre imprimé à Lyon, mais le premier livre lyonnais portant une date certaine. Peut-être y en eut-il de plus anciens; peut-être, avant le *Compendium Lotarii*, avaient-ils offert au public d'autres précieux trésors bibliographiques et particulièrement cette *Vraye exposicion de la Bible, veue et corrigée par Maistre Julien Macho; A Lion sur le Rosne*, qui fait l'admiration des personnes qui visitent la Bibliothèque de notre ville.

Quant à dire à quelle époque précise les presses lyonnaises commencèrent à fonctionner, les savants ne sont pas d'accord.

M. Monfalcon fixe cette époque à 1472 ou à 1471; M. Péricaud seulement à 1473, tout en affirmant que Lyon est la seconde ville de France où l'art typographique ait été introduit. D'après les bibliophiles, Paris aurait eu des imprimeurs, dans les bâtiments de la Sorbonne, dès l'année 1470; en 1469, dit M. Claudin. Si Metz en a eu en 1471, Lyon ne viendrait qu'en troisième lieu; on sait que Strasbourg n'appartenait pas encore à la France·

Mais ce qui nous ferait penser que M. Monfalcon est plus près de la vérité que M. Péricaud, et que Lyon aurait bien pu avoir des typographes en même temps que Paris, c'est qu'un imprimeur célèbre, Étienne Coral, né à Lyon et y exerçant son art, vint s'établir à Parme dès 1472, suivant les uns, en 1470, suivant les autres, et y publia d'admirables éditions, parmi lesquelles on peut citer l'*Achilléide*, de Stace, et une *Histoire naturelle*, de Pline, dont un très bel exemplaire se voit encore aujourd'hui dans les vitrines de la Bibliothèque de Lyon.

En rejetant la date de 1470, vivement combattue par les bibliophiles, on ne peut nier que l'*Achilléide* ait paru, à Parme, au mois d'avril 1473. Il a fallu à Coral quelques mois pour s'installer, s'établir et organiser ses presses, puis quelques mois pour imprimer. S'il était ouvrier habile à Lyon et surtout s'il a quitté cette ville par suite d'une trop forte concurrence, il est à présumer que l'art typographique était pratiqué à Lyon plutôt vers 1470 qu'en 1472 ou 1473.

Pour donner une date précise à l'établissement de la typographie dans une ville, quelques érudits, comme Laserna Santander, exigent l'impression de cette date sur les livres. Une autre école plus libérale et bien plus vraie admet aussi les probabilités et déclare que les premiers livres n'étaient pas datés.

Nous sommes complètement de cet avis.

Quant à Lyon, un fait paraît acquis aux débats.

Les *Lettres d'indulgence*, imprimées à Mayence en caractères mobiles par Gutenberg, étant de 1454, date certaine, il ne serait pas impossible, il ne serait même pas étonnant que la nouvelle invention si utile n'eût été connue dix ou quinze ans plus tard à Lyon.

Les relations de peuple à peuple étaient beaucoup plus fréquentes, les communications et les affaires étaient plus rapides et plus faciles au moyen âge qu'on ne le suppose aujourd'hui.

C'est en 1462, deux ans après l'impression du *Catholicon*, que les ouvriers de Gutenberg et de ses associés se dispersèrent dans toutes les directions, à la suite de la prise de Mayence par Adolphe de Nassau.

Rappelons que deux des grandes industries de notre ville ont éclos presque en même temps chez nous : la soierie et l'imprimerie.

En remontant, on aperçoit, à gauche, sous sa voûte de granit et son épais manteau de verdure l'*Homme de la Roche*, autrefois Jean Gléberger, riche Allemand qui dotait les filles de ce quartier, fut un des bienfaiteurs de nos hospices et, malgré les épigrammes de quelques érudits grincheux, a conservé, même de nos jours, sa réputation de bienfaisance et sa popularité.

A deux pas plus haut est la Chana, ancien hôpital, jadis tenu par des filles repenties; aujourd'hui atelier de teinture, berceau de cette fuchsine qui fit et fait tant de bruit. M. Joseph Renard, un des chefs de cet établissement, était un érudit et un bibliophile distingué.

A droite, nous apercevons une vieille maison : *Madacascar*, qui appartint à la famille des Jussieu, et un peu plus haut une teinturerie qui a droit à notre sympathie, celle de MM. Vindry frères, non à cause de la beauté de ses produits, dont nous n'avons pas à nous occuper, mais parce que sous le nom de Victor Corandin, M. Joannès Vindry a écrit des nouvelles et des romans pleins d'humour, de gaîté et de philosophie morale.

Si on ne connait pas mieux *Le Gendre d'un opticien*, le *Roi des oncles*, *On ne croit plus à rien* et d'autres, c'est que ces œuvres charmantes ont été publiées loin des échos parisiens, tirées à petit nombre et offertes à de rares amis. Leur mérite n'en subsiste pas moins tout entier, en dépit de l'oubli.

Nous voici en présence de la redoutable citadelle de Pierre-Scize, autrefois hors de la ville ; souvenir ineffaçable mais tout de terreur. L'immense rocher descendait jusque dans la Saône, portant au ciel une ceinture de fortifications et un hérissement de donjons, de tourelles et de tours. Longtemps, il fut la résidence des archevêques, dont l'autorité, si souvent discutée, s'y trouvait à l'abri des attaques des bourgeois. Quand les mœurs un peu moins rudes eurent fait descendre les princes ecclésiastiques de cette résidence guerrière, le château de Pierre-Scize devint prison d'État, et l'histoire prétend que la justice y a été souvent exercée avec une impitoyable rigueur.

Cette sévérité servit l'ambition des rois de France qui, appuyés sur le peuple et les bourgeois, disputèrent aux archevêques le sort des prisonniers, l'administration de la justice, et peu à peu finirent par s'emparer du pouvoir. En 1312, la ville de Lyon fut annexée au royaume de France ; sous un joug plus doux, le commerce et l'industrie prospérèrent et la population s'accrut rapidement.

Il y aurait une magnifique histoire à faire de cette forteresse qui, des Gaulois aux Romains, de ceux-ci aux Bourguignons et aux Francs, assise sur un rocher entamé par Agrippa, surveilla, pendant des milliers d'années, le cours de la Saône et l'immense passage des peuples du nord au midi, jusqu'au jour où, sur un ordre de la Convention, elle tomba sous la pioche et le pic des démolisseurs.

Aujourd'hui, non seulement la célèbre prison d'État n'existe plus, mais le rocher lui-même a disparu.

Si, au lieu d'une destruction radicale qui n'avait plus sa raison d'être, on avait conservé le sauvage et pittoresque manoir, on l'utiliserait aujourd'hui comme entrepôt, caserne ou musée et, en donnant un cachet unique au paysage, il servirait à l'instruction, à la protection ou au bien-être de ce peuple toujours prêt, toujours porté à mutiler, détruire et briser les choses les plus utiles ou les œuvres d'art les plus belles et les plus précieuses.

Il serait curieux maintenant de visiter et de montrer aux Lyonnais comme aux étrangers, ce spéci-

men des forteresses du moyen âge, ces vastes salles,
ces voûtes sombres, ces tours et ce donjon rappelant une autre civilisation et jusqu'à ces cachots
qui enfermèrent des prisonniers célèbres.

Chillon offre la prison de Bonnivard ; Venise les
Plombs avec la cellule de Silvio Pellico, et les visiteurs ne manquent pas.

A Lyon, le guide aurait fort à faire pour tout
conter.

Sans nous arrêter aux premiers siècles, il pourrait venir de suite à la Renaissance.

Ecoutez-le :

Jacques d'Armagnac, duc de Nemours, sujet
révolté, traître à son pays, passa des prisons de
Vienne en Dauphiné à Pierre-Scize et, le 4
août 1476, de Pierre-Scize à la Bastille, d'où il ne
sortit, l'année suivante, que pour aller à l'échafaud.

Ludovic Sforce, dit le Maure, ayant attaqué les
Français, après avoir fait alliance avec eux, fut fait
prisonnier de guerre, le 10 avril 1500, conduit
triomphalement à Lyon, enfermé à Pierre-Scize et
dirigé plus tard sur Loches, où il mourut, en 1508,
à peine âgé de cinquante-sept ans.

Un fait de cruelle barbarie eut lieu au château de
Pierre-Scize, en 1563, peu de temps avant l'incar-
cération du baron des Adrets.

Deux chefs protestants, Pierre de Latour, capitaine, et Lacombe Bouthilier, sergent-major, ayant
paru à Lyon, Chambry, commandant du fort, les invita chez lui à dîner et cela d'une façon si pressante,
qu'ils ne purent refuser. Ils dînèrent, on les festoya

et dans la nuit ils furent égorgés. C'était une réponse au massacre des catholiques, tués en Navarre et dans le Béarn, le 24 août 1549 et un avant-projet de cette affreuse Saint-Barthélemy qui eut lieu en 1572, pour la plus grande honte de l'humanité.

Un autre prisonnier eut la bonne fortune de s'évader.

Antoine Grollier, royaliste fougueux, homme de guerre et diplomate fut, le 14 février 1589, enfermé dans la forteresse par les ligueurs, maîtres de Lyon; il y courait des risques pour sa vie, lorsqu'au mois de juin suivant il s'échappa, grâce à une échelle de soie que sa femme lui apporta sous ses vêtements.

Descendu de ces hauts rochers, il s'en fut en Suisse, revint en France en amenant quinze cents hommes à Henri IV et mourut de désespoir, à Saint-Germain-au-Mont-d'Or, en apprenant l'assassinat du roi.

Aussi heureux dans son évasion fut un autre Nemours, étourdi et léger, ce Charles-Emmanuel de Savoie, duc de Nemours, né en 1567, qui, gouverneur de Lyon, après avoir voulu, lui aussi, trahir la France et se tailler un royaume avec le Lyonnais, le Forez, le Beaujolais, le Dauphiné et le Mâconnais, fut arrêté par Pierre d'Epinac, archevêque de Lyon, et enfermé, en 1593, à Pierre-Scize, d'où il s'évada, le 26 juillet 1594, sous le costume et les vêtements de son valet de chambre, en feignant, un vase à la main, de s'occuper des plus basses fonctions.

Le fugitif, d'ailleurs, ne survécut que peu de temps

à sa burlesque équipée. Réfugié en Franche-Comté, qui alors était terre étrangère, il voulut intéresser l'Espagne à son sort et lancer les armées espagnoles contre la ville de Lyon ; il échoua, erra de Dôle à Besançon et mourut, en 1595, avec la fureur de n'avoir pu se venger de sa captivité.

Là fut enfermé le cruel baron des Adrets, dont le souvenir est encore en horreur dans nos provinces ; là, furent emprisonnées deux victimes de la sévérité de Richelieu, Cinq-Mars et de Thou, l'un que la postérité doit flétrir, comme traître à son pays, et qui ne sera jamais qu'un ambitieux turbulent, un conspirateur léger et un libertin vulgaire, malgré les romanciers et les cœurs sensibles qui ont essayé de le réhabiliter ; l'autre, ami fidèle jusqu'à l'insanité, chevaleresque jusqu'au donquichottisme, esprit ambigu et faux, qui mérite autant la réprobation de l'histoire que sa pitié et qui, courageusement, du moins, le 12 juillet 1642, suivit son méprisable ami sur l'échafaud de la place des Terreaux, où il monta sans profit pour sa gloire comme sans avantage pour l'humanité. En ce moment, la citadelle appartenait à la France. Dès 1633, Louis XIII avait acheté Pierre-Scize la somme de cent mille livres à l'archevêque de Lyon.

Les dernières victimes de Pierre-Scize furent ces malheureux officiers de Royal-Pologne qui furent égorgés le 9 septembre 1792 et dont les têtes hissées sur des piques furent promenées dans les rues, au vu de la population et au su de l'autorité. Le premier adjoint seul en donna sa démission.

Que de fois, en feuilletant l'histoire, n'a-t-on pas

été tenté de s'écrier avec Mme Rolland : « O liberté, que de crimes ont été commis en ton nom ! »

Un arrêté des représentants du peuple portant démolition des murs et remparts qui se trouvent autour de Lyon et du château de Pierre-Scize, daté de Lyon, 12 octobre 1793, an II, et signé Maignet, fit tomber la vieille forteresse.

Est-ce au nom de la liberté, de la philosophie, ou du progrès humain ? est-ce par haine pour les beaux arts, et les vieux souvenirs, ou par aveuglement et sottise qu'un ukase ordonna, sous le règne de Louis-Philippe, la démolition d'un des plus précieux bijoux archéologiques de la ville de Lyon, l'église de l'Observance, fondée le 25 mars 1493 par Charles VIII et Anne de Bretagne, sa femme, en présence du duc de Savoie, de Louis, duc d'Orléans, plus tard Louis XII, de Pierre, duc de Bourbon, et d'autres grands personnages : Louis, duc de Luxembourg, Angélibert, seigneur de Clèves, Philibert, comte de Bagé, Charles, comte de Bologne, Jacques, comte de Tournon, de toutes les autorités de la ville, d'une foule immense et d'un clergé nombreux ? L'archevêque d'Embrun remplaçait l'archevêque de Lyon ; en ce moment le siège archiépiscopal de la métropole des Gaules était vacant.

L'église était digne de ses magnifiques parrains. Tous les historiens lyonnais vantent avec enthousiasme sa position gracieuse sur les bords de la Saône, son élégance et sa beauté architecturale, ainsi que les souvenirs qu'elle évoquait.

« S'il est chez nous un monument curieux par

ses souvenirs et pittoresque par ses ruines et les vestiges de son architecture ogivale, dit un d'entre eux, c'est sans contredit l'église des Cordeliers de l'Observance. Mais elle est trop près de nous. Transportez à quelques lieues de Lyon ce délicieux paysage et chacun de nous ira visiter ce coteau si frais, si vert au printemps; ce petit cloître sombre et mystérieux; cette église svelte dont le rond-point et les nervures s'articulent avec tant de précision; ce comble affaissé de la chapelle des Lucquois où se dressent encore sur leurs bases et couronnées de leurs chapiteaux quatre colonnes d'un marbre poudreux et terni; ces arcs noirs à demi brisés, autour desquels se joue un naissant feuillage; ces longues fenêtres en ogive montrant à tous les passants leurs nervures fines et déliées et ce clocher qui se détache si élégamment d'un massif de constructions et de verdure. »

Et sous ces voûtes que d'illustres Lyonnais dormirent de leur dernier sommeil!

Là reposaient, confiants dans l'avenir et la paix, les négociants Lucquois fixés à Lyon, et parmi eux les Bonvisi, d'une illustre origine; Horace Cardon, l'imprimeur célèbre, dont le château se voyait à l'entrée d'une vallée voisine, à Roche-Cardon; Jacques Moyron, le richissime négociant qui d'échevin était devenu baron de Saint-Trivier, lieutenant général de la sénéchaussée de Lyon, et fut surtout bienfaiteur des pauvres de Lyon; la famille Grollier, dont fut ce Jean Grollier dont la bibliothèque fut sans égale, et la famille Scarron, dont sortit, plus tard, ce burlesque et malheureux poète qui fut le premier mari de l'austère et grave Mme de Maintenon.

Et quand, le dernier asile de ces grands morts eut été détruit, on vit bien que ce n'était pas le parti de la philosophie et de la libre pensée qui avait sapé ces murs élégants et jeté au vent ces cendres précieuses, car, sur le même emplacement, on se hâta d'élever, sur un plan d'ailleurs venu de Paris, un pastiche de temple grec, pouvant être aussi bien salle de concert que chapelle et, « ne pouvant la faire belle, on la fit riche, » en confiant son ornementation intérieure à MM. Dénuelle et Jobbé-Duval.

Quant à la ruine poétique, dont la restauration eût été simple et facile, on en commença, sans bruit, l'attaque en 1845 et on en poursuivit peu à peu les déblaiements l'année suivante. En mai 1846, la *Revue du Lyonnais* protesta contre *l'amputation brutale d'une des plus délicieuses épreuves de l'architecture du moyen âge*; en mai 1847, elle y revint avec énergie. « La dernière relique de ce temple n'a pas encore disparu, disait-elle, et on peut toujours montrer, par le peu qui en reste, la place où fut cette église que nous regretterons sans cesse. L'horizon lyonnais dont elle faisait partie n'a plus de sens depuis qu'elle n'est plus. » En 1849, tout était fini, et ce n'est pas le froid édicule d'aujourd'hui qui consolera les artistes, les archéologues et tous les amis de « la douce et vieille histoire. »

Comme dans le triste tableau de Gleyre, l'homme, de nos jours, a vu s'enfuir l'Amour, l'Espérance et

la Poésie. Le siècle de la science ne peut être celui
des arts. La mémoire a remplacé l'imagination;
l'adresse des doigts tient lieu de la pensée et du
génie; et à Lyon seulement, Chenu a succédé à
Saint-Jean, Bail à Flandrin; et beaucoup de gens
trouvent que tout est pour le mieux.

Donc, laissons les maçons éventrer les aqueducs
romains, jeter des ponts tubulaires sur la Saône et
balayer les bijoux architectoniques sur la voie publique; c'est le génie de l'époque, et on ne pourra
s'en plaindre s'il y a des trottoirs partout.

Une autre destruction, un autre souvenir c'est
celui du *Tombeau des deux amants*, que les éche-
vins firent disparaître, en 1607, pour élargir la
voie publique. Ce monument célèbre, que la jeunesse lyonnaise allait si souvent visiter, et qui re-
montait à l'époque romaine, a, pendant tout le
cours du moyen âge, exercé la sagacité des savants.
Une poétique légende voulait que deux fiancés,
se retrouvant après une longue absence, y fussent
morts de plaisir et de bonheur et y eussent été
enterrés; les vieux érudits, cet âge est sans pitié,
n'y ont vu que le cénotaphe érigé par un Romain
nommé Amandus, à sa sœur bien-aimée. *Amandus,
frater, sorori carissimæ sibique amantissimæ.* On
est bien obligé de se soumettre quand les savants
ont parlé; donc c'est un frère et une sœur qui ont
reposé dans ce tombeau, mais c'est son appellation
charmante qui l'a sauvé de l'oubli.

Le père Ménestrier, autre savant, veut que Amandus soit le nom de deux prêtres du temple d'Auguste et ce serait leurs affranchis qui auraient

érigé ce monument à leur mémoire. Nous préfé
rons la légende. Ce fut aussi l'avis des religieuses
qui vinrent s'établir dans ce lieu-là. On ne discute
pas les questions où le cœur est en jeu.

Sur cet emplacement, consacré par la tradition,
les religieuses de Sainte-Elisabeth de Bellecour
avaient jadis établi un couvent qui avait pris le
nom de Monastère des Deux-Amants. Il vécut jusqu'à la Révolution. En 1792, il fut confisqué par
la Nation, et une pièce du fonds Coste, du 6 octobre de cette année, certifiée par Chalon, officier
municipal, donne le nom des dames qui l'occupaient en ce moment.

Et voici, à l'endroit même où fut un couvent,
un établissement modèle, notre célèbre Ecole
vétérinaire, la première créée en France et, depuis lors, étudiée et imitée dans nombre de pays;
hommage en soit rendu à Bourgelat.

Près de l'église d'Ainay, dans un quartier alors
assez désert, existait, au siècle dernier, une Académie d'équitation, fréquentée par la jeune noblesse qui, non seulement y apprenait à connaître
et à monter les chevaux, mais y recevait les leçons
d'escrime, de danse, de maintien nécessaires à
tout gentilhomme. Après une période de prospérité, l'Académie périclita, et Bourgelat, ancien
avocat, que son génie poussait vers l'étude et le
soin des animaux, créa, en 1762, à la Guillotière,
un établissement destiné à traiter non seulement les maladies des chevaux, mais celles des
autres animaux domestiques; le succès en fut
complet.

En 1764, Louis XV lui donna le titre d'Ecole royale vétérinaire; mais le peuple, qui voyait encore des chevaux dans le nouvel établissement, lui conserva le nom d'Académie, quoiqu'on n'y enseignât plus l'équitation.

Après le siége, l'Ecole fut transférée dans les bâtiments de l'Observance où, grâce à d'habiles professeurs, elle atteignit sa haute prospérité. En 1818, on créa des bâtiments plus appropriés au service; on les augmenta plus tard, de 1848 à 1863, sur les plans de M. Chabrol; M. Flachéron, architecte, les termina en leur conservant ce style correct et froid, si bien appelé utilitaire.

La principale cour est ornée d'une statue de Bourgelat, due au ciseau de M. Fabisch, et inaugurée en 1875.

Sur la crête de la colline, se profile mystérieusement une ligne de fortifications d'une utilité plus ou moins certaine; de l'autre côté de la Saône et vis-à-vis l'Ecole vétérinaire, se dressent et se surhaussent les hautes terrasses du fort Saint-Jean dont les canons menacent les radeaux et les bateaux qui descendent la Saône. Au pied, est une vaste caserne qui, dans son délabrement, est bien autrement dessinée que l'Ecole, sa voisine de la rive droite. Ce bâtiment, construit en 1728, pour être un grenier d'abondance, a eu cette destination jusqu'au jour où la libre circulation des grains l'eut rendu inutile.

En revenant à la rive droite, une des dernières maisons de la ville, après l'Ecole vétérinaire, mérite l'attention du promeneur. Sur la façade, sont incrustés quelques-uns des signes du zodiaque, enlevés à l'église abbatiale de l'Ile-Barbe et remontant à une haute antiquité ; ils portent évidemment toutes les marques du dixième siècle, époque où l'église de Saint-Loup fut reconstruite après sa destruction par les Hongrois. Un loup qui accompagne les Gémeaux, le Crabe et la Vierge, ôte toute incertitude à cet égard, et appuie ce qu'en ont dit l'histoire et la tradition.

Un retrait de la colline granitique de Fourvière, lac jadis, aujourd'hui vallon remblayé et mis à l'abri des inondations de la Saône, est couvert par un faubourg actif, industrieux et riche, le faubourg de Vaise, grand comme une ville, qui se relie incessamment avec les autres quartiers de Lyon par mille départs de tramways, d'omnibus et de bateaux à vapeur. A Vaise sont des usines, des fabriques, des entrepôts, des marchés abondants, des industries renommées dans toute la France, l'abattoir municipal, une gare d'eau où se réfugie la batellerie de la Saône, quand quelque danger la menace, de vastes minoteries et une gare importante de la grande ligne ferrée Paris-Méditerranée. Le fond de la vallée, jadis sauvage, a gardé le nom caractéristique de Gorge-de-Loup.

On se croirait là au bout du monde, et naguère on n'en sortait qu'en revenant sur ses pas. Aujourd'hui, nul quartier de la ville n'est orné de plus vastes avenues, n'est sillonné de plus de routes et de chemins.

A gauche, un tunnel de 1,400 mètres passe sous le fort de Loyasse, l'immense cimetière de même

nom et perce la colline de Fourvière, de 294 mètres d'altitude à son point culminant, pour débou-
cher à la gare de Saint-Paul. Malgré la nature
schistoïde et granitique de ce puissant contrefort,
on a dû revêtir le tunnel d'une voûte pour le pré-
server des infiltrations qui rendaient impossible le
service de la voie.

A droite, la ligne ferrée s'engage dans le tunnel
des Deux-Amants pour gagner la ville de Mont-
brison, à travers les montagnes du Lyonnais et la
plaine du Forez. Ce tunnel de 305 mètres de longueur, pratiqué dans le coteau de Montribloud,
a offert de très grandes difficultés, soit par la nature pulvérulente du terrain tertiaire ou quaternaire dont il est composé, soit par les bancs de
poudingue ou cailloux agglomérés, contre lesquels
on se heurtait, sans qu'on pût les attaquer par les
moyens ordinairement employés.

En face du spectateur, s'ouvre, d'abord, du nord
au midi, puis sous la montagne, du couchant au levant, le grand tunnel du Paris-Lyon-Méditerranée,
vaste et incessante communication entre Vaise
et Perrache, la vallée de la Saône et la vallée
du Rhône, Paris et Marseille, l'Angleterre et le
Levant.

De belles avenues gravissent la colline et montent à Saint-Just ou à Champvert ; ici les routes
s'enchevêtrent, les chemins de fer se croisent sur
des ponts tubulaires, ou passent sous les voûtes
qui portent les larges voies de communication,
bordées d'acacias, de sycomores ou de platanes.
C'est une vie, un mouvement qui troublent le spec-

tateur, tout en lui donnant une haute idée de la puissance productrice de la grande cité.

En revenant vers le centre de Vaise, on contemple de tous côtés les hauts fourneaux et les cheminées élancées, colonnes gigantesques des usines et des industries ; puis, plus loin, sur ses collines boisées, les châteaux, les villas, les riches habitations de la petite ville suburbaine d'Ecully, séjour privilégié des négociants lyonnais ; là-bas, au levant, les pentes et le plateau de la Croix-Rousse, notre mont Aventin, où travaille avec une fébrile activité la population artistique et intelligente des ouvriers en soie de Lyon, dont les produits couvrent le monde.

Au nord, sur un riant piédestal de verdure, s'étale et s'allonge le château historique de la Duchère, si souvent cité dans les fastes lyonnais. Construit au XIVᵉ siècle, par un de Varey de la Duchère, qui vivait en 1300, il fut agrandi par André Chevrier, conseiller de ville, et par Claude, son fils ; il passa plus tard à noble Jean-Baptiste Bruno, conseiller de ville. Il appartenait encore à sa veuve, Marguerite Gros, lorsque Henri IV, venant épouser Marie de Médicis, en 1600, y coucha, dit-on ; du moins y voit-on encore aujourd'hui une chambre dite de Henri IV.

Le 11 octobre 1619, la ville de Lyon choisit cette belle résidence pour y donner une fête à la sœur de Louis XIII, Christine de France, qui allait à Turin épouser le prince héritier du Piémont. Ce château appartenait en ce moment à la famille de Nérestang. Ce ne fut qu'au milieu du XVIIIᵉ siè-

CHÂTEAU DE LA DUCHÈRE

cle, le 5 février 1743, qu'un héritage apporta le château et ses dépendances à la famille de Riverieulx de Varax. En 1793, la Duchère fut le théâtre de sanglants combats entre les Républicains et les Lyonnais. Prise et reprise, elle resta aux mains des assiégeants et domina dès lors les positions des assiégés. Bien innocent des événements dont son château avait été le théâtre, M. de Varax n'en monta pas moins sur l'échafaud. En 1814, la Duchère fut le dernier poste disputé aux Autrichiens, lors de l'entrée des alliés à Lyon.

C'est la famille Clapisson qui, au XVII⁰ siècle, avait construit le vaste corps de logis qui regarde Vaise. Des peintures précieuses, une galerie peinte par Sarabat, de beaux morceaux de sculpture, dont une magnifique cheminée reproduite par Pierre Martin, rappellent ce que fut la Duchère autrefois. Au midi, un donjon dont les tours sont arrasées à la hauteur du toit donne du cachet au vieux château; de vastes et beaux ombrages, au levant, reposent la vue des constructions industrielles qui couvrent le faubourg.

Vaise est traversé par les routes autrefois si bruyantes et si fréquentées de la Bourgogne et du Bourbonnais, actives encore malgré la concurrence des chemins de fer. Le roulage pour l'Auvergne et Bordeaux était immense. Tout ce transit est déplacé; la navigation elle-même n'est plus ce qu'elle fut jadis, au temps où une flottille de quatre-vingtdix grands steamers fendait chaque jour les eaux de nos deux fleuves.

Un quai magnifique, planté d'un double rang de

platanes, protège le quartier de Vaise contre les
attaques redoutables de la Saône. De ce quai, on a
la vue ravissante des massifs du Mont-d'Or.

Impossible de quitter Vaise sans avoir visité un
bijou d'architecture, une admirable maison de la
Renaissance, en bois sculpté, apportée de Rouen,
lors de la rénovation de la capitale de la Norman-
die, et montée élégamment sur un massif de ma-
çonnerie, au milieu d'un parc qui n'a qu'un défaut,
être en plaine. Si le propriétaire, M. Neaud, a
réussi, comme entrepreneur, dans les plus difficiles
entreprises, c'est qu'à la précision d'un utilitaire
il joint un goût ardent pour les arts. Ses livres et
ses tableaux en font foi ; sa conquête normande
encore mieux.

En remontant la riche et belle vallée de la Saône,
on arriverait avant peu à une île connue du
monde entier, à cette Ile-Barbe si célèbre qui fut,
dès les premiers temps de la monarchie, un couvent austère avant d'être, plus tard, une abbaye
riche et florissante. Nous la laissons à droite. En
ce moment, après avoir salué ce qui reste des beaux
ombrages de la Claire et les souvenirs d'une illustre résidence qui n'est plus, nous allons nous en-
foncer dans un vallon caché et ombreux qui eut
aussi sa gloire. Depuis Rousseau, qui ne connaît
Roche-Cardon ?

Avons-nous dit qu'il était caché ? il le fut, mais
ne l'est plus. Simplement, nous avons voulu indi-
quer qu'il se glissait mystérieusement jadis entre
deux collines et qu'alors il fallait le chercher pour
lui demander ses trésors de calme et de paix. Au

jourd'hui, sa réputation l'a perdu. Des cafés, des restaurants, des guinguettes l'ont envahi ; les danses du dimanche y attirent la foule, et tout l'été c'est un des lieux les plus étourdissants et les plus bruyants des environs de Lyon.

Qu'il est changé depuis le séjour qu'y fit le philosophe de Genève, en 1770, alors qu'invité par Mᵐᵉ Boy de la Tour à venir y goûter les douceurs du printemps, le grand écrivain s'extasiait, dans les bois du Rozay, sur l'incomparable paysage qui se déroulait au loin sous ses yeux !

Une petite fontaine entourée de bancs rustiques a gardé son souvenir. Il aimait à s'asseoir sur ces blocs de pierre, à l'abri de ces grands frênes sur lesquels il écrivit un jour : *Vitam impendere vero.*

La peinture et le burin ont reproduit cette scène.

Plus solitaire et plus sauvage encore était le vallon, quand Horace Cardon, des Cardoni d'Espagne, mais Italien par sa mère et par le lieu de sa naissance, acquit un riant domaine à l'entrée des deux vallées, celle d'Arche et celle des Rivières et y fit construire un château tout italien, entre le ruisseau si bruyant et si gai, charme de cette solitude, et le rocher schistoïde qui se dressait à l'entrée du vallon comme le gardien de ce délicieux séjour.

Malgré les changements que les siècles ont apportés à l'œuvre du riche et célèbre imprimeur, on y retrouve avec satisfaction, comme souvenir du passé, une tour hexagone servant de cage d'escalier ; de larges balcons couverts, aux deux étages, et un charmant clocheton pointu qui surmonte l'ancienne chapelle.

- - On voit surtout, à l'entrée de la propriété, sur e rocher qui domine la route actuelle de Saint-Cyr, un ravissant pigeonnier octogone, but d'études et de croquis de tous les peintres, de tous les élèves de l'école de peinture lyonnaise, de tous les touristes et de tous les amateurs. Les raffinés l'appellent : le pavillon de Jean-Jacques Rousseau ; pour le vulgaire, il est : le pigeonnier de Roche-Cardon. Si jamais il est renversé par le temps ou les hommes, il vivra éternellement par la peinture, le burin ou le crayon, surtout par un des plus admirables tableaux de Grobon, ce maître de notre Ecole lyonnaise, ce peintre si consciencieux et si fin que notre ville peut opposer aux plus renommés de la Belgique et de la Hollande.

La route qui s'enfonce dans le vallon en remontant la rivière était jadis entièrement couverte d'ombrages. Aujourd'hui les murailles de mille propriétés accompagnent le voyageur et lui cachent une partie des beautés du pays. Ce n'est que de loin en loin que la vallée découvre ses charmes et offre les plus pittoresques points de vue, frais, ravissants, mystérieux et toujours divers, suivant l'heure de la journée. Malgré ces produits d'une civilisation trop avancée, Roche-Cardon n'en est pas moins la promenade préférée de l'artiste qui n'a qu'à choisir les plus gracieux paysages, du géologue dont le marteau trouve dans les terrains schisteux, des grenats en abondance, de beaux cristaux verts d'apatite et des débris d'animaux antédiluviens, rhinocéros, éléphants, chevaux, jadis cachés dans ces retraites sauvages ; du botaniste

qui, à la suite de Rousseau, peut faire ample pro-
vision d'ortie blanche, de mousses, de lichens et
d'isopyre pigamon, très abondant ici, comme dans
tous les lieux puissamment ombragés; du simple rêveur, enfin, qui, en suivant les contours de l'étroit
vallon, peut évoquer le souvenir des célébrités qui
ont parcouru ce sentier avant lui.

Au-dessus du bois du Rozay se trouve le château de la Rémillotte, que Rousseau aimait à visiter. Une magnifique avenue de marronniers donne
très grand air à cette résidence, qui jouit d'un vaste
et splendide panorama. Un petit oratoire date,
dit-on, du XIIᵉ siècle; quelques parties du château
sont très anciennes. Une tradition constante veut
que ce soit à la Rémillotte que Soufflot ait rêvé et
créé les plans des travaux qu'il a exécutés à Lyon :
l'Hôtel-Dieu, l'ancien Grand-Théâtre et la loge du
Change dont la grave élégance et la beauté, en le
faisant connaître et en lui donnant une réputation
hors ligne, le lancèrent, à Paris, sur la route de la
célébrité.

Dans le parc tout seigneurial, on admire des marronniers et des tilleuls contemporains d'Henri IV.

A l'ombre de ces géants, on éprouve une paix
profonde et, comme le voyageur qui, du haut d'une
montagne, contemple à ses pieds les fureurs de
l'Océan, c'est avec un mélancolique dédain qu'on
aperçoit, là bas, au loin, la grande ville dont les
bruits, les soucis et les agitations ne peuvent monter jusqu'à vous.

Nous sommes à l'extrémité méridionale du dernier massif du Mont-d'Or, groupe mystérieux, pre-

mier né des montagnes environnantes, terre de
granit et de feu que les géologues étudient avec
passion, et dont les touristes contemplent avec admiration les splendides paysages. Les Romains,
enthousiasmés et séduits, s'y établirent, et de nos
jours, de tous côtés on n'y voit que pavillons, bel-
védères, châteaux et villas. On le comprend; les
riches négociants y trouvent le repos, sans être
éloignés de leurs affaires, et on se délasse des soucis
de l'or en contemplant ce vaste horizon qui renferme le Pilat, les montagnes du Forez, les coteaux
de la Croix-Rousse et de Saint-Irénée, les montagnes bleuâtres du Dauphiné et la grande ligne
des Alpes, toutes blanches de neige, courant là-
bas dans un lointain vaporeux...

A travers les cottages, les chalets, les manoirs de
toutes sortes, de toutes les époques et de tous les
styles, nous voici arrivés sur la place d'un gros
bourg. Nous sommes à Saint-Didier-au-Mont-d'Or.

La population est agricole; un sol privilégié
répond aux soins d'une habile culture; légumes et
fruits sont connus sur les marchés de la ville. A
l'abri des vents du nord, la pente de la montagne
regarde le midi; la vigne y est prospère et le vin
estimé. L'étendue de la commune est considérable;
les maisons de cultivateurs, disséminées ou grou-
pées en petits hameaux, respirent l'aisance et le
bien-être; l'exploitation d'une excellente pierre à
bâtir occupe quelques bras. D'ailleurs, nul n'est
oisif et, ici, comme ailleurs, l'aisance naît de l'activité.

Saint-Didier faisait partie de l'*Auriacensis ager;*

en 970, il est appelé. déjà. *Sanctus-Desiderius.* Une charte du Cartulaire de Savigny cite son église : *Ecclesia Sancti-Desiderii.* Qu'on veuille parler de la réunion dès fidèles ou du monument, cette appellation n'en indique pas moins un groupe déjà important et une haute antiquité. A la Révolution, par arrêté du District de la campagne de Commune-Affranchie du 26 germinal an II, il prit le nom peu poétique de Simoneau au Mont-d'Or.

Sur le replat le plus gracieux de ce gros village, s'élève le beau château de Fromente, naguère à la famille de Souvigny, aujourd'hui aux Pignatel. Les tours, les terrasses, le parc élégant et les hauts ombrages lui donnent un aspect féodal tempéré par le luxe et le confort modernes. C'est une des belles résidences des environs de Lyon.

Au nord, sur une petite place, autrefois centre et noyau de la population, se voyait une vieille et curieuse église romane du XIIe siècle, précieuse jadis par son abside et son clocher quadrangulaire que les artistes admiraient. Elle a été récemment démolie et quelques débris s'en voient encore dans les maisons du voisinage. En 1381, les habitants l'avaient fortifiée pour s'y réfugier en cas de danger.

Au-dessus de la vieille place, au nord, s'élève la nouvelle église, vaste et d'un bel effet. Si le style fantaisiste manque d'unité et marie audacieusement un gothique capricieux à un roman de convention, l'ornementation riche et variée satisfait suffisamment. L'intérieur indique une population nombreuse et éclairée ; le goût et l'ordre y sont parfaits; le clocher s'élève fièrement dans les airs et s'aperçoit au loin du Lyonnais, de la Dombes et du Dauphiné.

La place qui environne l'église est encore un peu vide et les habitations y font défaut; mais l'avenir y remédiera. Ce sera bientôt le cœur et le centre vivant de l'agglomération. Déjà, elle est desservie par une foule de routes et de chemins larges et bien entretenus. Les omnibus s'y arrêtent et un hôtel animé y reçoit les voyageurs.

C'est d'ici qu'on part pour faire de ravissantes excursions.

La vue dont on jouit des marches de l'église est déjà digne, à elle seule, d'attirer les touristes et les promeneurs; il faut un long moment pour s'en détacher.

En ramenant son regard, on aperçoit, au couchant, le pensionnat des Dames de Saint-Charles, avec une chapelle à visiter. Au nord, est le château de Belle-Vue; au levant, regardant Saint-Cyr et la Saône est le château de Mont-d'Or qui rappelle une famille illustre entre toutes, puisqu'elle prétendait descendre de Roland, le neveu de Charlemagne. Les Mont-d'Or portaient d'hermines, à la bande de gueules; cimier, un bras armé tenant un cornet, l'olifant de Roncevaux.

A propos du château moderne, on raconte une histoire qui, dans sa vérité, a toutes les allures d'un roman ou d'un conte.

Au siècle dernier, la noble résidence fut achetée par un étranger du nom de Chrowm? On sait ce qu'est l'arrivée d'un inconnu dans un pays. Celui-ci fit l'effet d'être venu de la blonde Angleterre. Pourquoi? mystère. Quoi qu'il en soit, il avait deux filles de la plus admirable beauté. Chose encore plus étonnante, ces deux jeunes filles avaient la grâce, la science, l'affabilité, la simplicité et la bonté. Leur réputation sortit de Saint-Didier, s'étendit au loin, si loin que le roi d'Angleterre Georges III voulut les voir, les connaître et que, charmé, il leur confia l'éducation des jeunes princesses issues de son mariage avec Sophie-Charlotte de Mecklembourg. Le succès de cette éducation fut complet. Ce pourrait être le sujet d'un petit roman délicieux et nous sommes surpris qu'il n'ait pas encore tenté quelque écrivain lyonnais.

Une belle et nouvelle route, qui se dirige vers le nord, part de l'église et conduit à Saint-Fortunat et au grand fort du Mont-Verdun, point culminant de la contrée. En cueillant la clématite des haies, en coupant des branches de *sambucus* et des brindilles d'*equisetum umbrosum*, si on est botaniste, ou en se chargeant d'échantillons de dolomites, si on est géologue, on peut faire le chemin facilement et sans se lasser; mais si on est artiste, homme d'imagination et de cœur, on marche de ravissements en ravissements. A mesure qu'on s'élève, la vue s'étend au midi sur la plaine de Vienne et le rideau des Alpes, au couchant sur les montagnes du Lyonnais, dont on est séparé par de riants vallons semés de riants villages; on s'arrête à chaque instant, ému de la contemplation de la vaste nature, des grands horizons, des sublimes

effets de lumière, et de la splendeur de ces campagnes si riches et si belles à la fois.

Bientôt Saint-Fortunat paraît, couché sur l'arête
d'une longue colline pentueuse qui descend du
nord au midi.

La réputation de ce riche village lui vient de
ses carrières, dont les excellents produits ont servi
à élever les plus beaux monuments de Lyon : le
Palais Saint-Pierre, le portail de Saint-Nizier, la
loge du Change et tant d'autres chefs-d'œuvre des
La Valfenière, des Philibert Delorme, et des Soufflot. Si l'on demande pourquoi les églises, les vieux
hôtels et les antiques monuments remontant plus
haut que le XVIᵉ siècle ne sont pas construits de
cette pierre hors ligne, nous répondrons par une
histoire, la voici :

Au bas des habitations, au midi, est une croix
portant ces mots : *Antoine Morateur, 1830.* Les
habitants du pays vénèrent cette simple inscription
qui rappelle une des plus anciennes, des plus honnêtes et des plus utiles familles du village ; ce
nom de Morateur est lié à l'existence des carrières.
En italien, *moratore* veut dire *maçon.*

On sait que François Iᵉʳ, ce roi bâtisseur, ra-
mena de son dernier voyage en Italie une armée
d'artistes, d'architectes et de maçons. Quelques-
uns de ces derniers s'arrêtèrent à Lyon ; ceux-ci,
en explorant la contrée, découvrirent l'excellence de la pierre sur laquelle était bâti le village ; ils ouvrirent des carrières et les exploitè-
rent. Avec le temps, leurs successeurs se fran-
cisèrent et prirent le nom de leur profession ; les

moratori devinrent la grande famille des Morateur.

Ces carrières, disséminées de divers côtés, sont ouvertes dans le terrain jurassique inférieur. Les strates de dessus sont jaunes ; elles correspondent à l'oolithe inférieur. Celles de dessous sont d'un gris bleu et font partie du lias dont on aperçoit les innombrables gryphées. Ces strates ont une inclinaison générale vers le nord-est.

Une très belle empreinte d'ichthyausaurus, provenant des couches de ce lias, se trouve au Musée de Lyon. Les géologues ont découvert, sur le même point, des débris d'ours, d'hyènes, de chevaux et de cerfs.

Chose curieuse, le hameau de Saint-Fortunat n'a point été construit avec ces excellents matériaux, mais bien avec les produits d'une carrière aujourd'hui abandonnée et qui existe dans le clos de Chantemerle, à Saint-Didier. Le village, d'ailleurs, n'offre par lui-même qu'un intérêt secondaire au visiteur ; il se compose uniquement d'une rue qui monte rapidement entre deux vallons, celui de Lestra et celui de l'Arche. Une petite église du XIVᵉ siècle est enclavée entre deux maisons. Malgré sa modeste position, sans dégagements au sein du village, elle offre un charmant portail ogival que les artistes viennent étudier et une abside polygonale éclairée par des fenêtres ogivales à lancettes qui rappellent qu'elles furent bâties au beau temps de l'architecture. Les nervures de la voûte reposent sur des consoles sculptées à figures allégoriques. Un bénitier incrusté dans le mur porte un écusson assez fruste sur lequel on distingue encore deux tours. Enfin de nombreux ex-voto rappellent que cette chapelle fut de tout temps le but et l'objet de fréquents pèlerinages.

N'oublions pas le crucifix, si souvent cité.

En effet, quand on parle d'un pauvre homme, dans notre bonne province du Lyonnais, on dit assez volontiers :

« Que voulez-vous ? il est comme le bon Dieu de Saint-Fortunat ; il est tout désargenté. »

Ne reconnaissez-vous pas ici toute la gausserie gauloise ?

On dit que persifflage, raillerie, satire, étaient chéris de nos aïeux. Eh bien ! ils ne sont pas près de s'éteindre dans le pays que nous parcourons.

Autrefois, les habitants montraient avec orgueil un groseiller légendaire, aussi vieux, disaient-ils, que le clocher sur lequel il avait poussé. Il était immortel, disait-on. Gloire vaine pour les groseillers comme pour les hommes ! Celui-ci a été tué par l'hiver si rigoureux de 1879 ; il n'a pu être remplacé.

Plus heureux que Paris qui n'a pas eu de café avant 1672, Saint-Fortunat montre le sien qui porte la date de 1608. A défaut du groseiller défunt, le café du Centre mérite d'être signalé ; mais, au fait, est-ce au café ou à la maison qu'appartient cette date de 1608 ? Cela vaut la peine d'être étudié.

De Saint-Fortunat, on ne peut, quoi qu'on veuille, se dispenser de gravir le Mont-Cindre, qui se dresse au levant. Le Mont-Cindre ! Tout un monde de souvenirs s'éveille à ce nom.

Nos savants du siècle dernier, tout barbouillés

de grec et de latin, source et limite extrême de
toute science, faisaient dériver Mont-Cindre de
Mons Cinereus ou *Mons Cineris*. Inclinons-nous
respectueusement devant cette étymologie qui
indiquerait aussi bien une origine ignée qu'un
vaste incendie éclos dans les temps gallo-romains.

On sait cependant qu'aucun débris volcanique
n'a été trouvé dans les environs.

Pour en atteindre le sommet, on peut attaquer
la montagne par le couchant et se servir de la nouvelle voie militaire qui mène au Mont-Verdun. Ce
serait tout simple et rationnel ; une autre promenade nous tente ; nous visiterons d'abord Saint-
Cyr et nous gravirons un des plus rudes grapillons
du département. Ce sera dur ; mais quelle récom-
pense !

En arrivant à la chapelle et aux trois ou quatre
cabarets qui l'entourent, on reste ébloui, confondu,
mais ravi.

Là-bas, au midi, la grande ville s'allonge entre
ses deux fleuves. Le brouillard qui la couvre indique non seulement qu'elle est dans une position
basse, humide et souvent inondée, mais aussi
qu'elle est travailleuse, industrielle, active, entourée de fabriques et d'usines et qu'elle fait une
immense consommation de houille, d'où, non sa
beauté, mais sa fortune et sa richesse.

Mais le soleil luit et resplendit, au couchant, sur
les belles montagnes du Lyonnais. Là-bas, s'élèvent l'Izeron, le Saint-Bonnet, les groupes de
Tarare, le Mont-Pilat, avec ou sans *chapeau*, et
plus loin, s'enfuit la ligne des Cévennes, aux pics

sauvages et dénudés. Au levant, on voit la Dombes, ses vastes champs de céréales, ses mille étangs et le Franc-Lyonnais borné par la Croix-Rousse; plus loin, la vaste plaine du Dauphiné qui s'étend de la Balme et des montagnes du Bugey jusqu'à Vienne, la belle Romaine, et dans le fond, rideau magique, les Alpes dont les glaciers éternels brillent comme des diamants sous le soleil.

A la simple vue, on distingue des pics célèbres, mille fois décrits par le voyageur : Le *Reculet*, le *Crédo*, le *Colombier*, les *Alymes* ou Luysandre, dernier contrefort du Jura, la *Dent du chat*, le *Grand-Som* et le massif de la Grande-Chartreuse, *Chamechaude* et *Belledone*, si connus des baigneurs dauphinois, la *Meidge* et les *Écrins*, la *Moucherolle*, le *Grand-Veymont*, et, roi de ce peuple de géants, le *Mont-Blanc* qui, à lui seul, appelle et fixe tous les regards.

Des jours et des jours ne suffiraient pas pour admirer cet amphithéâtre unique au monde, le connaître à fond et dire : J'ai tout vu.

Quand on s'est baigné dans la lumière, enivré de l'immensité, on trouve les détails froids et mesquins, et il faut faire un effort de volonté pour ramener la pensée et l'imagination des vastes espaces aux petitesses de la vie.

L'esprit, alors, est tout à fait comme *Peau d'âne* se retrouvant à son humble foyer, après avoir dansé au bal du roi.

Il le faut, cependant; l'homme n'est pas tout idée et contemplation. Après s'être élancé dans les mondes imaginaires, on ramène son imagination aux choses de la terre ; on éteint l'immatériel et, des yeux du corps, on contemple les objets qu'on a autour de soi.

Au Mont-Cindre, la transition est brusque, la secousse violente ; rien de moins idéal que le spectacle qu'on a sous les yeux.

Un ermite, qui est employé de la commune, comme le cantonnier ou le garde champêtre, cicérone ou concierge, on ne sait trop, et trois ou quatre cabaretiers qui lui font compagnie, voilà ce qui a remplacé les antiques reclus et le célèbre ermitage qui, pendant des siècles, attira jadis les pèlerins.

Ce fut vers 1304, à l'époque où le pape Clément V vint à Saint-Cyr, disent les uns, ou vers 1341 et par les soins de la comtesse Isabelle de Sathonay, disent les autres, qu'une recluserie fut construite au Mont-Cindre, près d'une petite source et à côté d'une humble grotte qui fut certainement habitée. Ce fut probablement le premier ermite, frère Jean-Henri, religieux de l'Ile-Barbe, qui fit construire la chapelle. On sait qu'il fut artiste et architecte. La tradition a conservé le souvenir de ses talents, et c'est à lui qu'on attribue le plan primitif des vieilles églises de Couzon et de Saint-Romain.

D'autres ermites lui succédèrent. En 1676, la vieille recluserie à moitié ruinée fut reconstruite par frère Jean Bochard. Puis, le relâchement se fit sentir sur la montagne comme dans les riches couvents de la plaine, et quand la Révolution survint, elle ne trouva pas grand chose à détruire dans la création de la comtesse Isabelle. Tout s'était effondré de lui-même, par la force seule du temps.

Au commencement de ce siècle, la commune, devenue propriétaire de l'ermitage, voulut donner un attrait de plus à la charmante montagne, et on installa, dans l'ancienne recluserie, un gardien au costume semi-religieux semi-civil, mais qui ne relevait que du maire. L'ermite du Mont-Cindre redevint à la mode et on le chanta même dans des romances de salon.

L'église, basse, trapue, construite pour résister à l'orage, a pour trait saillant un porche souvent dessiné. Un petit clocheton sur le chœur abrite une petite cloche et sert de support à une statue de la Vierge. Un enclos assez restreint contient la grotte primitive, le calvaire, l'habitation et le jardin de l'ermite actuel. Il est rare que de l'auberge voisine, on ne vienne pas visiter l'ermitage pendant que se prépare le dîner.

Sous la Restauration, l'administration diocésaine voulut rappeler le sentiment religieux qui avait créé cette fondation. Le 11 juillet 1820, eut lieu une consécration et une bénédiction solennelle de l'ermitage, donnée par M. Bochard, vicaire général, accompagné d'un nombreux clergé. Une brochure assez rare, imprimée chez Barret, la même année, donne les détails de cette cérémonie qui avait attiré une foule considérable sur la montagne.

Plus tard, un autre petit volume dû à la plume de M. C. Beaulieu, ancien instituteur à Colonges, et imprimé en 1835, chez Charvin, avait essayé de décrire et de faire connaître le Mont-Cindre, l'Ile-Barbe, Sathonay, Miribel et la Tour-Barbare, séjour de licence. On sait combien à cette époque les études historiques étaient à la mode ; c'était une véritable renaissance de l'art et du goût. Malheureusement, au lieu d'écrire un livre sérieux, l'auteur fit un roman et ce fut la sensible Isabelle qui, à travers diverses péripéties plus ou moins vraisemblables, fut chargée de nous promener sur les bords de la Saône. Si jamais vous trouvez sur les quais : *Fondation de l'Ermitage du Mont-Cindre et de la Tour de la Belle-Allemande, extrait d'une chronique de 1432, avec des détails sur Lyon et ses environs,* Lyon, Babeuf, in-12, méfiez-vous, n'ouvrez le livre qu'avec précaution. Pour quelques documents trouvés d'ici et de là, vous auriez à traverser trop de détails oiseux, de descriptions futiles, de drames dénués d'intérêt, le tout écrit dans le style ampoulé de 1820. En effet, le livre publié en 1835 n'est pas de cet âge ; il avait dû être jeté sur le papier quinze ans plus tôt.

Un échantillon :

« Christophe, alors âgé de vingt-six ans, dit l'auteur, avait été élevé sous les yeux de son oncle (le prieur de l'Ile-Barbe), qui l'admettait depuis longtemps aux parties licencieuses de la Tour-Barbare. Des cheveux roux, un œil tourné, une taille courte et épaisse, qui annonçait une force de corps extraordinaire, une hardiesse insigne, un ton grossier et fanfaron : tel était le neveu de Dom Dégo, qui s'était plu à jeter dans le cœur de cet être difforme tous les germes des vices et la source du crime. » !!!

Qu'en pensez vous ?

Hâtons-nous de prévenir nos lecteurs que ce n'est pas ce prétendu qui obtient la main de l'innocente Isabelle.

Pastiche pour pastiche, à propos de notre colline, combien nous préférons cet in-18 de toute rareté :

Le Mont-Cindre, imprimé avec des caractères neufs, mignonne pour le texte, nonpareille pour les notes, sur couronne Vélin. Lyon, sans nom d'imprimeur (Ballanche), le 25 novembre 1807. L'auteur est une jeune fille de seize ans, dont le cœur déborde d'enthousiasme. Elle a un compagnon de voyage, P. S., qui annote chacune de ses pages. Si cette curiosité vous tombe sous la main, achetez-la bien vite, car elle n'a été tirée qu'à douze exemplaires, oui douze.

Cette jeune fille était Mademoiselle Berthilde Mazade d'Avèze, née en 1790, mariée à M. Victor de Bonald, et décédée à Montpellier, le 14 août 1825. Son compagnon, Pierre-Simon Ballanche, auteur d'*Antigone*. Une autre édition parut en 1827, in-18. C'est la première que nous recommandons à nos lecteurs.

« L'être charmant qui s'est peint dans ces pages empreintes d'une douce mélancolie, est, n'en doutons pas, une Créature céleste accoutumée aux rêveries d'au-delà de la vie, dit la Préface. On dirait qu'elle se souvient d'un monde meilleur où elle aurait déjà habité. »

Et ce bouquet :

« Oh ! que je voudrais être roi du plus bel empire de la terre ! J'enverrais par toute l'Occitanie de gentils et féaux chevaliers qui convieraient toutes les nobles filles des contrées troubadouresques à écrire chacune un mot sur le livre du *Souvenir*. J'aurais bientôt démêlé, parmi ces mots, celui qui aurait été écrit par la *Voyageuse* du *Mont-Cindre*, et je volerais mettre à ses pieds ma couronne, qui n'aurait plus de prix qu'autant qu'elle consentirait à la partager. »

Que de changements dans le style et les idées ! quelle révolution dans nos livres et nos pensées depuis que Ballanché a écrit ces lignes, dans lesquelles il semble même avoir pris à tâche d'exagérer les couleurs de son pinceau !

On pense bien que la jeune élève ne veut pas être en reste avec son professeur et qu'à sa suite elle s'élance dans les régions les plus hautes de l'idéal.

Nous allons à présent redescendre au terre-à-terre le plus accentué.

Au mois de novembre 1875, un journal de Lyon annonçait la mort du dernier ermite, donnait sa biographie, empruntée au baron Raverat, et terminait par ces paroles qui décrivaient le type d'alors; l'ermite était peint de son vivant :

« Félicitons-le de ne pas aller, comme ses devanciers, une besace sur le dos, mendier journellement de porte en porte. Il accueille très bien les visiteurs; il est discret, ne provoque jamais ni rétribution ni cadeau, mais il accepte volontiers ce que l'on veut bien lui offrir... Doux et honnête, il se prête avec bonhomie à des questions souvent déplacées. Content de son sort, parce qu'il n'a pas de besoins, il est heureux, car d'un coup d'œil il découvre toutes les richesses du pays.

« Autrefois, les ermites vendaient aux visiteurs du vin et des victuailles que l'on consommait dans l'enclos même. Frère Alexandre a supprimé ce petit commerce ; il a raison. Si son escarcelle y a perdu, les convenances y ont gagné et c'est quelque chose. D'ailleurs, deux ou trois guinguettes qui se sont établies depuis peu à côté de l'ermitage font assez bien leurs affaires. A leur proximité, une source unique est cachée dans un creux ; son volume d'eau, quoique minime, suffit au-delà à frère Alexandre qui prétend que l'eau de cette source est trop crue et qu'elle est nuisible à la santé. »

Quant à l'ermite actuel, il serait désolé qu'on parlât de lui, étant trop modeste pour souffrir qu'on lui fasse de la réclame.

Ce ne sont plus seulement des guinguettes qui ornent le séjour de l'Ermite du Mont-Cindre ; il s'y trouve aussi un fort bon restaurant et il est rare qu'on n'y dîne pas de bon appétit.

Au pied du Mont-Cindre, au midi, s'étend une des plus riches communes des environs de Lyon. La montagne avait donné son nom au village ; pendant la révolution, il s'appelait Mont-Cindre, tout uniment.

Saint-Cyr a tout pour lui : site privilégié, vue enchanteresse sur la Saône, la Dombes et le Dauphiné, air pur, sol fertile, belle et forte population, proximité d'une grande ville qui attire tous ses produits. Horace a chanté Tibur, Virgile la vallée de Tempé, Rousseau a décrit Clarens, Meillerie, Vevey, Montreux, et à côté de nous Roche-Cardon qu'il a rendu immortel; Balzac a fait connaître le vallon de Gémenos et George Sand les environs de La Châtre que personne n'eût remarqués sans ses descriptions embellies; un jour viendra sans doute, et nous l'appelons de nos vœux, où quelque plume célèbre dira les délicieux vallons qui descendent du Mont-Cindre à la Saône, ces nids de verdure qui abritent villas et châteaux, et ces ravissantes demeures qui, pendant l'été, abritent les joyeuses familles des négociants lyonnais.

Si un romancier habile avait besoin d'un canevas pour broder un récit antique encadré dans la description de nos magnifiques paysages, l'histoire du Lyonnais lui offrirait toutes les ressources que son imagination pourrait désirer.

Saint-Cyr, en effet, a une histoire, grâce à sa position exceptionnelle et à son incomparable beauté.

Cette beauté, dès les temps les plus reculés, avait attiré les Gaulois, puis les Romains, sur ce plateau entouré de toutes parts de pentes rapides. Les chefs militaires y avaient ajouté de puissantes fortifications et en avaient fait un lieu de défense et de refuge. Le moyen âge en fit un des points les plus importants de la contrée, et quand les archevêques de Lyon, héritiers des comtes de Forez, furent devenus maîtres du pouvoir temporel, ils donnèrent un soin particulier à cette citadelle destinée à les protéger contre leurs ennemis du dedans et du dehors.

Ce fut en prévision des luttes acharnées dont on le menaçait, qu'en 1210, l'archevêque Reynaud renouvela tous ses moyens de défense.

Par les ordres du belliqueux prélat, le mamelon vit s'élever un de ces formidables manoirs comme la noblesse en construisait sur tous les pics, aux embranchements des vallées, sur tous les passages fréquentés par les voyageurs et qui étaient destinés à protéger les populations quand ils ne les opprimaient pas. D'épais remparts ceignirent le plateau; des tours protégèrent les quatre sorties; au centre, un gros donjon entouré de vastes bâtiments d'habitation offrit un refuge et un abri à une forte garnison, et à la population du dehors, quand elle était menacée. Une vaste cour donnait de l'air et du soleil à ces bâtiments sans ouvertures à l'extérieur; une chapelle de style ogival à une seule nef, avec un chœur roman, servait aux besoins du culte. Elle existe encore, mais n'est plus qu'un entrepôt.

Des appartements étaient réservés à l'archevêque et au gouverneur. Le pape Clément V les habita, au commencement du XIVᵉ siècle. Deux portes, soigneusement fortifiées, donnaient accès dans cette enceinte. Toute cette partie de la ville est debout, sans grands changements; deux fortes et sombres tours carrées offrent encore aujourd'hui un spécimen curieux de cette forteresse que les peintres et les touristes aiment à visiter.

Autour de ce noyau féodal, tout s'est transformé; des rues gaies, des maisons qui n'ont nul besoin

d'être protégées, montent le long de la colline. Au
levant, une esplanade plantée d'arbres, domine le
cours de la Saône, la Dombes et l'immense plaine
du Dauphiné. C'est là le point gracieux de la petite
ville, là qu'arrivent les voitures et que se trouvent
les cafés. A l'extrémité du plateau, s'élève une
église neuve d'un bon style, dans ce goût mi-ogival mi-byzantin si à la mode aujourd'hui; elle est
due au talent trop peu connu de M. Bernard père.
Le vaisseau est vaste, suffisamment religieux. Une
des attractions de ce temple élégant est une belle
statue de la Vierge en marbre blanc, œuvre récente
et remarquable de notre illustre statuaire forézien
Bonnassieux.

Il est rare que de ces hauteurs on ne cherche pas
deux points qui se touchent : *La Croix des Ormes*
érigée au carrefour où, en 1793, les débris de l'armée lyonnaise, fuyant vers la Suisse, furent atteints
et anéantis par les troupes républicaines, et la douce
résidence où vécut la jeune Louisa Siéfert, l'auteur
aimée des *Rayons perdus*. La croix existe encore,
mais la villa qui pleure ses morts n'existe plus que
dans les souvenirs. Dès ce moment, elle est perdue et comme effacée par un château récemment
élevé sur le plateau voisin et par le grand parc
d'un nouveau domaine, propriété brillante et artistique d'un heureux du jour, un des princes du
commerce lyonnais. M. Duval nous permetra bien
de le nommer ici.

Du haut du Mont-Cindre, nous avons contemplé, au midi, Saint-Cyr à vol d'oiseau. Vers le nord-
ouest, nous apercevons les cimes du Monthoux et

du Mont-Verdun, aujourd'hui couverts de fortifications; en pivotant sur nos pieds et en regardant
au levant, autre panorama enchanteur, autre magique tableau; la vue qui s'élance vers les Alpes
bientôt s'abaisse et plonge sur Colonges, autre contrée privilégiée, autre séjour favori des Lyonnais.

Pas n'est possible de retenir son imagination
lorsque, du haut de l'observatoire où nous sommes,
nous laissons nos regards errer autour de nous.
Quelle est l'origine de cette montagne qui se rattache au système jurassique par sa structure et qui
offre des couches d'oolithes, des bélemnites, des
griffées arquées, des ammonites reposant sur un
massif de gneiss, tandis que ses flancs sont couverts de ces cailloux roulés que les glaciers alpins
lui ont apportés? A quelle époque remontent ces
bouleversements dont l'histoire se lit à chacun de
vos pas? Ces grands arbres, ces frais terrains d'al-
luvions rappellent ces temps plus modernes où les
grands pachydermes, rhinocéros, mastodontes ou
éléphants, aurochs ou bisons, sortaient des vieilles
forêts de la montagne pour paître en troupeaux
sur les bords de la Saône, se baigner en famille,
jouer et se poursuivre joyeusement; descendaient
jusqu'au confluent des deux grands fleuves sans
nom qui se réunissaient plus bas, le long de rivages inhabités, puis remontaient le soir dans leurs
asiles, à l'abri des grands ours, des tigres et des
loups rôdeurs?

Pourtant, un beau jour, les maîtres du sol fre-
mirent en voyant les premiers hommes paraître et
s'établir sur les bords de leurs rivières. Des chas-

seurs, de race mongolique, armés d'outils de pierre, attaquèrent les colosses aux dents d'ivoire et les refoulèrent au loin ; puis, bien des siècles après, une race à la peau blanche et aux cheveux blonds vint, avec des armes de bronze et de fer, chasser la race jaune qui disparut. Les guerriers blonds enfantèrent la civilisation, et les Atlantes ou Galls, turbulents et belliqueux, se trouvèrent bientôt fixés à jamais sur les points les plus fertiles et les plus importants de l'Europe occidentale.

On sait quelle gloire les Gaulois acquirent, quelle sagesse avaient leurs prêtres, quelle vaillance avaient leurs guerriers ; mais, après des siècles de puissance, la fertilité de leur sol et la beauté de leur climat leur attirèrent des visiteurs qui, tantôt comme voyageurs et marchands, tantôt comme conquérants, vinrent mêler leur sang à celui de la race celtique, jusqu'à ces jours douloureux où les haines, les jalousies et les rivalités de tribus à tribus, désunissant ces frères qui, unis, eussent été invincibles, les livrèrent à l'épée impure de César.

Notre province lyonnaise avait vu les négociants de l'Asie-Mineure et les aventuriers grecs créer des villages sur les bords de la Saône, de l'Ain et du Rhône ; les Romains jetèrent le trop plein de leur population sur nos vallées, et *Juliacum, Chessiacum, Thisiacum, Insula-Barbara* perdirent leur civilisation et jusqu'à leur nom pour prendre ceux de leurs vainqueurs.

Tout le Mont-d'Or est plein des souvenirs qu'y ont laissés les soldats corrompus de Rome.

Ceux-ci ne devaient pas jouir tranquillement de leur conquête.

Le Nord leur envoya les Vandales, les Visigoths, les Huns, les Bourguignons et les Francs; le Midi, les Arabes; le Nord, à nouveau et plus tard, les Hongrois dont les ravages ont été confondus pendant tout le moyen âge avec ceux des Sarrasins (1); mais comme ces derniers, venus du plus beau pays du monde, étaient plus civilisés que les peuples qu'ils venaient conquérir, comme leur foi religieuse s'appuyait sur des dogmes faux, sur des préceptes à base étroite et qu'ils ne purent résister à l'attrait irrésistible des vins de la Gaule, ce ne fut pas en conquérants qu'ils s'établirent sur les bords de la Saône; ce fut comme vaincus et prisonniers.

Leur sang, leurs idées et leur civilisation ne s'en mêlèrent pas moins au sang et à la civilisation de tous leurs prédécesseurs.

Colonges en eut sa part.

Quel est l'anthropologiste qui, suivant pas à pas la piste de tous ces peuples, nous dira : ce hameau est bourguignon, celui-ci est arabe, celui-ci est grec ?

Cet homme se trouvera; les peuples auront leur réédificateur, comme les animaux antédiluviens ont eu Cuvier.

A la suite de tous ces envahisseurs conquérants, vinrent pacifiquement, se glissèrent, au moyen âge, les Lucquois, les Pisans, les Génois, les Florentins,

---

(1) En 935, les Hongrois détruisirent Chalon, Tournus, Mâcon, Savigny, l'Ile-Barbe et Nantua ; en 950, ils ravagèrent la Franche-Comté et le Dauphiné.

les Milanais, artistes, négociants, faisant la banque,
parfois l'usure, et connus, la plupart du temps,
sous le nom de Lombards. Aujourd'hui, ce sont les
Suisses, les Allemands et les Juifs qui viennent
occuper cette terre privilégiée; *ubi bene, ibi patria.*

Puisse l'hospitalité que nous leur donnons faire
de tous ces peuples des Français.

Est-ce le résultat de ces croisements singuliers,
cela tient-il simplement à la position, au sol, à l'air
pur qu'on respire, à l'aisance dont on jouit ? mais
toute cette population du Mont-d'Or est belle, intelligente, énergique ; les femmes sont fraîches,
gracieuses et jolies ; les hommes forts et durs au
travail. Au fond, le sang gaulois domine avec sa
pétulance et sa gaieté que dirigent et modèrent la
droiture, la probité et le bon sens.

La population de Colonges n'est pas groupée en
village autour de son église ou de sa mairie ; elle
est disséminée dans toute l'étendue de la commune
par maisons isolées, hameaux ou écarts.

Du Mont-Cindre on suit tout son énorme développement.

Le vieux Colonges s'appuie sur les pentes de la
montagne ; une vieille et modeste église bâtie sur
un emplacement druidique, près d'une fontaine sacrée, reçoit encore quelques fidèles ; les habitants
sont ici agrestes et villageois. De cet angle élevé, la
commune descend en éventail jusqu'au bord de la
Saône ; là un autre caractère se révèle ; aux gais
buissons succèdent les murs élevés; les cafés
deviennent nombreux ; les restaurants dressent
leurs poteaux, arborent leurs drapeaux et hissent

leurs enseignes, pour attirer l'attention des marins
d'eau douce qui fréquentent ces parages et des
promeneurs que séduisent le saucisson de campagne et les goujons frits. La commune est un peu
devenue faubourg, tout en restant admirablement
pittoresque et séduisante.

Les souvenirs du moyen âge sont nuls ou à peu
près. Le Cartulaire d'Ainay rappelle que Reynaud,
abbé d'Ainay, céda, le 21 mai 1004, à deux habitants de Colonges, Adalburne et Sulpicie, sa
femme, quelques terres situées en *Villa Colonias*,
moyennant une légère redevance; onze ans plus
tard, en 1015, une femme, Franberge, donnait à
Dieu et à Saint-Martin-d'Ainay une vigne située au
Mont-d'Or, lieu de la Chaux, *Villa Calciensis*, à la
condition que, sa vie durant, les religieux lui don-
neront quatre setiers de vin et deux de froment.
Ce lieu de la Chaux vit s'élever, au moyen âge, un
château qui donna son nom à une famille de Colonges. Au XVIIe siècle, la Chaux devint seigneurie;
aujourd'hui, le vieux manoir n'existe plus, mais
sur ses fondations, un riche industriel lyonnais,
M. Perret, sénateur du Rhône, séduit par la beauté
du site, a fait construire un château moderne hé-
rissé de tours, de tourelles et de clochetons qui se
voient au loin. La féodalité est si bien morte qu'on
peut jouer sans danger avec elle. Aucun des habitants de la contrée n'a frémi en voyant rétablir sur
ces murs terribles les échauguettes et les machicoulis. Tout le monde sait bien que si le Château-
Perret a un donjon, il n'a pas d'oubliettes; que les
barbacanes inoffensives ne servent qu'à l'œil curieux

des chambrières et que les hommes qui errent dans les souterrains ne sont que de joyeux sommeliers.

Au pied du Mont-Cindre, un autre château a un air bien autrement féodal et menaçant; des tours crénelées le protègent; tout un système de fortifications rappelle au passant les terribles résidences des hobereaux du moyen âge; le nom lui-même de la noble résidence intimide et fait rêver. Nous sommes en présence de Tourvéon ou Torvéon, *Turres Vehens*, Porte-tours.

Les armes des anciens propriétaires étaient : *de gueules, à la tour d'or, maçonnée de sable.*

Ne vous effrayez pas, il y a là plus d'apparence que de réalité.

Les Tourvéon étaient d'honnêtes épiciers lyonnais qui, ayant fait fortune, se poussèrent par les charges et l'échevinage, achetèrent, comme savonnette, au XV⁰ siècle, un domaine dans le haut de Colonges, firent construire économiquement un gros château dominé par une énorme tour en pisé, d'une solidité plus que douteuse, donnèrent leur nom à cet assemblage de constructions et, de leur tour et d'une pièce d'eau qu'ils avaient dans leur domaine, prirent le nom de seigneurs de la Tour et du Vivier, sans avoir eu jamais ni privilèges ni vassaux.

N'en rions pas trop; nous en ferions tous autant. Nous n'en voulons pour preuve que la foule de gentilhommières à créneaux qui entoure Lyon, la ville du commerce et de l'industrie, du travail, de l'économie et des humbles berceaux.

D'ailleurs nous avons sous les yeux des exemples. La Suisse et l'Amérique, pays de démocratie, ne sont-elles pas aussi couvertes de manoirs érigés par d'heureux négociants ?

Colonges, du point élevé où nous sommes, en paraît constellé.

Voici *Les Roches*, appartenant à M. Biener, beau château moderne ; le château-Chomer, d'apparence sévère, un peu massif ; le château-Girard d'où la vue est splendide ; sa façade est tournée vers l'orient et domine la vallée ; le château princier de M. Bellon, sur la route de Saint-Rambert ; le clos-Guillot, plus connu sous le nom de *Folies-Guillot*. On sait que M. Guillot, riche et honnête négociant, se plut, par un goût bizarre, à réunir et à édifier, au commencement de ce siècle, dans une ravissante propriété baignée par la Saône, les monuments les plus singuliers, les plus étranges, les plus disparates : Une haute colonne surmontée de la statue de l'empereur Marc-Aurèle, une arche composée de blocs de tufs, une statue de saint-Pierre, avec un livre à la main, un obélisque, une chapelle, un ermitage, une cène, un musée, des bustes sur des socles et des inscriptions un peu partout.

Une bibliothèque assez bien choisie, mais trop à portée de la rivière, a été détruite par une de ces inondations de la Saône qui couvrent tout le pays.

Le chemin de fer, en traversant ce parc bizarre, lui a enlevé non seulement la moitié de son étendue, mais lui a pris ce qui en faisait le charme : la solitude, de beaux ombrages, la paix, le calme et la tranquillité.

Nous cherchons et ce n'est pas sans difficulté

que nous trouvons une demeure plus modeste, la maison Falsan que les savants travaux de son propriétaire ont illustrée et qui sera un jour un but de pèlerinage, comme Roche-Cardon, le Rozay ou la Fréta.

Dans la partie la plus basse de Colonges, on peut encore citer la Plassonnière, dont l'architecture calme et tranquille est pleine de dignité ; de beaux platanes, de vastes marronniers rappellent ces familles patriarcales qui regardaient les vieux arbres comme des amis et ne se hâtaient pas, comme les parvenus de nos jours, d'en tirer parti en les débitant pour en faire des planches, des poutres ou des chevrons.

Nous sommes dans le parage des restaurants ; quelques-uns sont célèbres et fréquentés ; voici, derrière un rideau de verdure, les îles Royes, qui gênent peut-être un peu la navigation de la Saône mais donnent tant de pittoresque au paysage.

En remontant le riche village, nous rencontrons, à un carrefour, une place, une mairie et une église. Celle-ci, de 1840 à peu près, est propre mais vulgaire ; la mairie est correcte comme doit l'être un monument officiel ; la place n'a pas encore reçu la visite obligée des bureaux de tabac et des cafés ordinairement groupés autour de ces points de réunion. Une très petite promenade, derrière la mairie, offre l'ombre de quelques jeunes arbres et un point de vue charmant.

Avant de quitter notre observatoire aérien, rappelons rapidement que Georges Debombourg, vérificateur des poids et mesures à Lyon, historien, publiciste, ancien président de la Société littéraire de notre ville, né à Lyon le 15 août 1820, décédé le 13 avril 1877, fut pendant de longues années chef d'institution à Colonges et que, nommé maire de la commune en 1848, il sut traverser des temps difficiles en administrateur habile et à la satisfaction de tous.

On connaît ses travaux parmi lesquels une Notice, sur *Colonges*, un *Atlas historique du Rhône*, un *Atlas de l'Ain*, une *Histoire du Franc-Lyonnais*, une *Histoire communale de la Dombes*, une *Histoire de l'abbaye et de la ville de Nantua*, outre de nombreux manuscrits qu'une mort trop prompte l'a empêché de publier.

Debombourg voulait qu'on écrivît Collonges avec deux l, comme *Collis longus*. Cependant, au moyen âge, on disait : *Colonica villa, Colungiæ, Colonia*.

Les vignobles produisaient autrefois un vin fort estimé, que le joyeux Philibert Girinet, roi de la Bazoche, préférait même au vin de Millery et qu'il a chanté dans les vers suivants :

> Pocula pars miscat generosaque vina propinat.
> Milleriacus ager quæ automno mittit aprico
> Quæque creat Colonus ager felicior illo.

Qu'on veuille descendre à Saint-Romain par la belle et nouvelle route au levant, ou par l'ancienne et rocailleuse charrière, au couchant, la vue n'en est pas moins splendide et on ne peut retenir un cri d'admiration quand, de la croupe nord du Mont-Cindre surtout, on découvre la ravissante

vallée au bas de laquelle se cache le village. Un col
ou passage entre le Mont-Cindre et le Monthoux
laisse passer la route qui relie Saint-Didier à Saint-
Romain ; ici tout l'espace entre les deux montagnes
est couvert par un bois épais, splendide spécimen
des vieilles et célèbres forêts de la Gaule, que la
hache a détruites avec tant de fureur. C'est pour
passer à travers ces bois épais que nous avons pris
le chemin le plus long et le plus mauvais, caprice
de touriste qui mène à un enchantement ; un seul
inconvénient, des serpents assez nombreux sur lesquels il est inutile de mettre le pied.

Ces bois, but et sujet de promenade pour les
Lyonnais, ont pour principale essence la charmille
et le chêne. Le vallon s'étend du couchant au
levant et descend rapidement vers la Saône. Les
batteries du Monthoux le protègent et leur feu s'unit
à celui des forts du Mont-Verdun, plus au nord,
pour battre la vallée de l'Azergue, le plateau de la
Dombes, la vallée de la Saône et garder la ville de
Lyon.

A ces travaux de défense, le pays a gagné de
bonnes routes que les agriculteurs savent apprécier
et dont les touristes ne dédaignent point de se servir.

Après avoir contemplé à loisir l'ensemble du
vallon et admiré l'échappée sur la Saône, on entre
sous bois, et, par des lacets, en écoutant le mur-
mure des ruisseaux et en jouissant de la fraîcheur
d'un épais feuillage, on arrive à une verte et calme
prairie que traverse le ruisseau des Arches, tor-
rent minuscule qui fait beaucoup de bruit mais pas
de mal.

A gauche, le Monthoux s'élève majestueux et fier; à droite, le Mont-Cindre se dresse plus modeste; les deux coteaux sont couverts de riches vignobles et de cultures variées; le bas du vallon offre de fraîches prairies et une immense quantité d'arbres fruitiers; on suit pendant quelques minutes le cours de l'eau et, par un chemin largement ombragé on arrive à l'antique et tranquille village cité dans les chartes du XIVe siècle sous le nom de Saint-Romain-de-Couzon : *in suburbio lugdunensi Ecclesia Sancti-Romani de Cozone;* pendant la Révolution : *Romain libre.*

Saint-Romain est étroitement groupé autour de son église, petit et simple monument du XIVe siècle. Toutes les maisons paraissent antiques et plusieurs demandent d'urgentes réparations. La plus malade est le vieux manoir de la Bessée, à gauche de la route. Des machicoulis protègent la grande porte cintrée; une vaste cour est encombrée de charrues; les portiques des cloîtres qui entourent la cour sont murés et font partie des rustiques habitations qui ont succédé au château; un pilier armorié, qui fut jadis un pilori, supporte un vulgaire balcon sur la route; toute la demeure est pauvre, triste et délabrée.

A droite du chemin, une autre maison forte n'est pas en meilleur état. Elle ne peut servir que comme sujet d'aquarelle.

Une belle route moderne part d'ici et monte à Tourvéon, Colonges-le-Haut et Saint-Cyr; nous continuons à suivre le ruisseau et nous arrivons à une petite place ombragée de quelques beaux arbres; le premier, un immense peuplier, offre une charmante curiosité.

Un gros jet d'une eau fraîche et pure s'élance du tronc, à un mètre du sol. Un petit bassin est creusé au pied de l'arbre; une écuelle enchaînée permet au passant de se rafraîchir.

Il paraît qu'on avait planté ce peuplier, peut-être un arbre de la liberté de 1848, près, trop près d'une borne fontaine; l'arbre a si bien enveloppé le tuyau dans ses flancs, que celui-ci a complètement disparu et que l'ouverture seule du cornet affleure à l'écorce de l'arbre.

A l'angle de cette petite place est l'église, humble, modeste, cachée, et cependant convenable et proprette. Elle doit ses jolis vitraux à la famille Murard de Saint-Romain, dont le château moderne se voit en se rapprochant de la Saône. On dit que l'église a été construite sur les dessins d'un ermite du Mont-Cindre.

Le clocher est bas et carré; l'entrée, masquée par une balme et par un mur, ne peut permettre aucun développement aux cérémonies de l'Eglise.

La population de Saint-Romain est exclusivement agricole; en ce moment, la vigne souffre; mais les esprits sont industrieux, le sol est fertile et la misère ne frappera pas à la porte de tant d'honnêtes logis.

Au centre du village est une maison forte en ruines, qui offre quelques débris d'archéologie; en descendant, à la sortie du village, à droite, une autre maison forte, le Temple, mérite un regard d'attention; les machicoulis qui surmontent la porte d'entrée sont bien conservés et donnent du cachet à la façade. On se demande comment les archevêques de Lyon, seigneurs du pays, ont permis aux protestants de s'établir ici ?

En se rapprochant de la Saône, on voit, à gauche, le château de la famille Murard de Saint-Romain, et à droite, sur le coteau qui domine la rivière, *la Fretta* que le séjour de Pierre Poivre a rendue célèbre. Dans cette résidence où il vint finir ses jours, Poivre avait rassemblé les plantes rares ou utiles des îles de France et de Bourbon dont il avait été gouverneur de 1767 à 1773.

Cet habile administrateur avait eu la gloire de transporter dans ces îles et d'y faire fructifier les épices dont les Moluques seules jusqu'à lui avaient eu le monopole. De plus, il avait établi, pour le compte de la Compagnie des Indes françaises, un comptoir en Cochinchine, à Faï-Fo. De ses voyages, il avait surtout rapporté la réputation d'un homme de bien. La mort l'a frappé à la Fretta le 6 janvier 1786.

De ses jardins renommés, de ses terres qu'on venait visiter de lointains pays, plus rien ne reste aujourd'hui que la position toujours admirable et le souvenir. Le chemin de fer a coupé le parc et le bruit strident des machines a remplacé le calme et la paix qui faisaient le charme de cette propriété.

Comme dans tout le Mont-d'Or, la géologie est ici curieuse à étudier. Le terrain fait partie du lias inférieur dont les argiles ont été remaniées par les eaux de l'époque quaternaire. On trouve, sur ce territoire, des gryphées et des bélemnites mélan-

gées avec la terre à pisé. Des stations celtiques
ont été découvertes sur divers points de la vallée.

La population de Saint-Romain n'est que de
268 habitants. Son altitude est de 166 mètres; il ne
faut pas remonter plus haut que le XIIe siècle,
pour trouver son nom cité dans l'histoire de la
contrée.

Plus considérable et plus connu est Couzon,
situé à quelques minutes au nord de Saint-Romain.
Les architectes, les constructeurs, les entrepreneurs, connaissent ses immenses carrières qui dominent le village, longent la Saône, descendent à
Lyon par la rivière et font la richesse du pays. La
pierre de Couzon a contribué, pour une grande
part, à construire la ville de Lyon et les villages
environnants; les canotiers viennent jusqu'à ses
hôtels et à ses restaurants qui sont renommés. Les
artistes visitent avec empressement l'église byzan-
tine moderne qui a remplacé la vieille église fortifiée au sein de laquelle, pendant les guerres du
moyen âge, les habitants venaient demander un
abri quand l'ennemi ravageait la contrée. Et le fait
arrivait souvent dans cette riche vallée de la Saône
qui va de Paris à Marseille, de l'Allemagne à la
Provence, à travers les riches vignobles de la
Bourgogne et des côtes du Rhône, connue de tous
les Barbares, de tous les ravageurs, depuis les Goths
et les Hongrois, jusqu'aux Prussiens.

L'agglomération est de 1300 habitants; l'altitude
moyenne de 235 mètres; le village est bâti à mi-
coteau, sur un prolongement du Monthoux, presque
en face de Rochetaillée. Nous sommes à 13 kilomè-

tres de Lyon, à la troisième gare, sur la route
ferrée de Paris.

Naturellement, ce sont les pierres du pays qui
ont construit le village. Les carrières y sont ex-
ploitées depuis un temps immémorial.

En sortant de la gare, on suit un sentier qui
longe le chemin de fer et l'on descend sur la place
principale du pays.

A droite, on remarque une croix qui porte des
inscriptions de diverses époques. Elle fut en effet
construite ou réparée en 1496, en 1571, et en 1725.

L'église est au nord de la place; c'est un bel
édifice moderne qui fait honneur à son architecte,
M. Bossan. Le style est roman-byzantin, mélangé
de motifs tirés de divers temps et de divers pays.
C'est de l'éclectisme, mais un éclectisme qui flatte
les yeux et l'esprit. L'art n'est pas enfermé dans
un cercle de fer; les règles du beau ne sont pas
immuables et rigides; M. Bossan n'a pas dit,
comme certains entrepreneurs : je vous ferai du
byzantin du XIe, ou de l'ogival du XIIIe, et il faut
voir comme ces constructeurs tiennent leur parole !
Il a vu le Nord et surtout l'Orient. Son génie mys-
tique s'est imprégné de l'art asiatique si doux, si
suave, si pur qui a produit les chefs-d'œuvre de
Grenade et de Cordoue, et il a traduit en français
les secrets des architectes arabes, en y mêlant une
part de son individualité.

L'église est dédiée à saint Maurice et à ses com-
pagnons. La statue équestre du saint, œuvre de
Fabisch, orne le tympan de la porte principale.
Sur les impostes, de petits personnages, accroupis

ou agenouillés, représentent les martyrs de la Légion thébaine. A droite et à gauche, chacune dans une niche, sont les statues de saint Laurent et de saint Vincent.

Les murs sont formés de deux assises de pierre rouge et d'une assise de pierre grise, superposées régulièrement. Ayant été extraites des carrières du pays, elles offrent comme un échantillon de sa géologie.

Dès le premier pas dans l'intérieur, on est frappé de la couleur rouge répandue de toutes parts; rouges sont les voûtes des trois nefs, rouges sont les hautes colonnes qui les supportent. Cette nuance fait ressortir avec éclat le blanc des nervures et des chapitaux, sans que cette opposition produise un effet trop violent et trop heurté.

Les voûtes aussi, aux points où elles s'appuient sur les colonnes, sont d'un blanc pur d'un effet vigoureux; et là sont représentées autant de couronnes destinées aux martyrs. La chaire est carrée, en marbre blanc, les angles sont en marbre gris. Elle est supportée par quatre colonnes en marbre gris clair.

La face principale de la chaire offre un bas relief représentant le Christ entre saint Jean et saint Thomas d'Aquin. Ce bas relief, ainsi que les autres sculptures de l'intérieur de l'église, est dû au ciseau de M. Dufraine.

Dans le chœur, est une grande fresque historique due au pinceau de M. Fournereau, élève de Flandrin et de Janmot.

Les vitraux, par Lobin, de Tours, sont estimés.

Les lueurs qu'ils laissent pénétrer s'harmonisent convenablement avec ces beaux décors.

Le clocher, carré et bas, est ancien. On a eu raison de le respecter ; il porte un cadran horaire et un cadran solaire ; celui-ci en mauvais état.

En face de l'église est la mairie. Entre ces deux monuments, une fontaine sert de trait d'union utile et fréquenté.

Non loin de la fontaine, dans la rue qui avoisine l'église, sont deux cafés connus de la jeunesse du pays. Ceci est la grande section de Couzon, le Couzon officiel ; il est relié aux chemins qui se dirigent vers la montagne au moyen de viaducs qui enjambent le chemin de fer. Ces chemins conduisent à Saint-Romain, à Curis et à Albigny.

L'autre section de Couzon, moderne, active, commerçante, sur le passage des voitures et près de la Saône, a été prise sur un îlot facilement relié à la terre ferme. On prétend que cet îlot s'appelait Cozon, d'où le nom du village. D'autres assurent que ce nom vient de l'île de Cos, d'où les Romains auraient jadis apporté les premiers ceps de vigne plantés dans les Gaules. Ce furent ces coteaux qui les reçurent.

On n'aurait alors qu'à se découvrir en présence des vignobles de Couzon, premiers nés de ces plants fameux qui font la gloire de la Bourgogne et de la Champagne ; pour peu qu'on nous y poussât, nous ajouterions et du Bordelais !

Un ancien proverbe disait :

> Il n'est bon bourgeois de Lyon
> Qui n'ait une vigne à Couzon.

« Ce proverbe n'est plus une vérité depuis que ces célèbres vignobles sont fumés.

« En septembre 1229, il y eut une transaction entre les seigneurs de Forez, Nevers et Beaujolais pour établir que Couzon appartient aux comtes de Forez.

« Nous maintenons que ce n'est pas au château de Couzon que, le 7 avril 1744, naquit le maréchal de Neufville de Villeroy, comme on l'a souvent dit, par erreur, mais à Lyon, paroisse Ste-Croix. La lumière est faite aujourd'hui à ce sujet.

« A Couzon-le-Bas sont les bons hôtels, les bons cafés et les fins restaurants. Un pont suspendu conduit à Rochetaillée, où notre poète lyonnais Pierre Dupont, a passé son enfance et où il a rêvé ses premiers vers.

« A un kilomètre de Couzon, se trouvent les immenses carrières qui, à défaut d'agriculture, enrichissent le pays. De très loin, de la Dombes et du Mont-d'Or, on voit la grande blessure faite à la montagne et qui constamment s'élargit.

« Vers le haut de la coupure, les bancs du bajocien sont de moins bonne qualité. Voici les noms donnés par les exploiteurs aux diverses couches de la carrière; ce sont, en commençant par en haut : le ciret; la pierre plate; le banc aigre (le plus mauvais); le banc des truffes; le banc de bouteille; le gros banc; le banc des cailloux; le banc dur (le meilleur); la grosse mise; enfin la pierre noire; en tout, dix qualités différentes. Vers le haut, la pierre est grise; vers le bas, elle est rougeâtre, plus estimée et plus recherchée des connaisseurs.

Sur tous les bords de la Saône, on vante l'intelligence, la force et l'énergie des Couzonnaires et
cependant ces hommes, qui ont tant d'exemples
sous les yeux, au lieu d'avoir de petits chemins de
fer conduisant leurs chars à la Saône, en sont
encore aux vieux chemins gaulois, aux ornières
profondes et aux chars grossiers, de la construction la plus primitive et de l'usage le plus pénible.

Dans les pierres de la carrière, on trouve des
fossiles bien conservés et de belles géodes. Dans
les fentes des rochers à pic, croissent des giroflées
et des genêts. La flore de la montagne offre en
général un vif intérêt.

Comme sur toutes ces rives de la Saône, comme
sur tout le massif, on découvre des points de vue
ravissants.

Au sud-est, sur la rive gauche de la Saône, le
village de Rochetaillée produit un effet merveilleux
avec son rocher, ses terrasses et sa vieille tour. On
dirait que c'est pour le plaisir des yeux que, de Neuville à Fontaine, la côte est semée de châteaux, de
villas, de hameaux peints comme pour un décor.

Albigny n'est éloigné de Couzon que d'une demi-
heure de marche. Tandis que les sybarites pren-
nent le chemin de fer et courent en droite ligne
vers le nord jusqu'à Villevert, pour nous rejoindre
à Curis, nous suivons à pied un chemin assez peu
aimable, le long des hautes carrières qui se dressent
à notre gauche, estimant qu'une visite au charmant village d'Albigny vaut bien cette course à
pied. Albigny est trop près de Couzon et de Villevert pour avoir une station, aussi est-il moins

connu et moins fréquenté que ses voisins ; criante injustice, comme on en voit si souvent dans le monde.

Après les carrières, on arrive à Saint-Léonard, asile ouvert aux prisonniers libérés, œuvre de la plus haute et plus pure charité. La création en a été humble. La maison fut achetée à crédit par ses fondateurs. Aujourd'hui l'établissement est en voie de prospérité; il a été reconnu d'utilité publique le 8 mai 1868.

A droite, à l'extrémité de la plaine, on devine plutôt qu'on ne les voit, les îles du Renard et du Mouton, plus agréables au touriste qu'au marinier. Plus haut, sur la rive gauche de la rivière, s'étend Fleurieux, avec les usines célèbres de M. Guimet, bienfaiteur du pays.

La plaine se rétrécit. Au nord de l'île du Mouton est un petit groupe de trois îlots dits les Condamines. Le village qui les domine est Albigny. Le groupe de bâtiments qui le précède est le Dépôt de mendicité du département du Rhône qui tend tous les jours à s'agrandir.

Avant d'être un refuge de toutes les misères, la Mignonne avait été une riante maison de plaisance, et son propriétaire, M. Rast-Maupas, savant médecin, bibliographe habile, y recevait nombreuse et charmante société. M. Lombard de Buffières en hérita et la vendit au département. Les bâtiments actuels ont été construits de 1859 à 1861.

On ne pouvait choisir un emplacement plus défavorable pour l'établissement de bienfaisance qui devait recueillir de malheureux abandonnés. Entre

une haute montagne et la rivière, l'air et la chaleur
font défaut. Nous ne savons si la santé des pensionnaires en souffre; nous savons que des soins
extrêmes leur sont prodigués, mais ce qui est
certain, c'est que des vagabonds habitués au grand
air, à la vie errante, à la liberté, des chambres
qu'ils habitent entendent, à chaque heure du jour
et de la nuit, le sifflet des locomotives et le roule-
ment des wagons qui leur rappellent des contrées
lointaines, des cieux nouveaux, Lyon, Marseille,
Paris, l'indépendance, les aventures, tout ce dont
ils sont privés aujourd'hui.

A ces cerveaux malades, à ces corps habitués à
toutes les intempéries eût bien mieux convenu la
solitude, le calme dans un vieux couvent isolé au
loin, dans un antique château perdu au fond d'une
vallée, que ces murs fébrilement agités, que ces
échos tressaillant à chaque instant du bruit de la
vie, du mouvement, du commerce et de la civilisation.

L'établissement élégant, confortable et moderne,
est composé de divers corps de bâtiments à trois
étages, pouvant contenir 600 pensionnaires; il y
en avait 500, des deux sexes, en 1881.

On ne les laisse pas oisifs, heureusement. Un
travail actif les distrait, les retrempe et les moralise,
en améliorant leur position.

L'établissement possède, à côté des bâtiments,
de vastes parcelles de terrain et une partie des îles
voisines. Les pensionnaires qui peuvent travailler
sont occupés soit aux travaux des champs si forti-
fiants et si sains, soit à des occupations moins

pénibles dans des ateliers. Ils sont rémunérés suivant leur travail, ce qui leur permet d'augmenter la quantité de vin qu'on leur alloue trois fois par semaine et surtout d'acheter du tabac, cette passion du pauvre, pour laquelle ils se passeraient de pain.

Trois fois par semaine aussi, on leur donne un peu de viande. La soupe et le pain sont à discrétion.

Ils sont couchés par chambrées de trente-six. Une grande propreté règne sur eux et dans tout ce qui les entoure. Le linge est souvent blanchi, souvent renouvelé. Un petit nuage plane sur cet ensemble et peut-être faudrait-il le dissiper. Les pensionnaires admis d'après leur demande et conduits là par le malheur ne sont pas séparés de ceux que la justice y a envoyés. Ce contact nous semble avoir de sérieux inconvénients.

Comme Couzon, Albigny se compose de deux groupes ou villages. C'est dans celui d'en bas que se trouve l'église neuve, sans caractère et sans style, à une seule nef voûtée, et construite en 1848. La voûte est toute récente. Elle a remplacé un plancher en lambris détruit récemment par un incendie. Le clocher est lourd, bas et carré. Devant l'église est une petite place ombragée par quatre de ces platanes si chers aux Lyonnais.

Pour parvenir au village d'en haut, on traverse une autre petite place ombragée par un jeune marronnier qui grandira. Le tronc est entouré d'un banc circulaire monolithe. Un café est vis à vis. Les maisons, entourées de vignobles, reposent sur un lehm entrecoupé de cailloux roulés. La végétation est belle, la vue admirable, mais la grande attraction du pays est son antique manoir, dont une forte tour est encore fièrement debout. Un escalier rustique part de la place et y conduit.

Où commence l'histoire ? où finit la légende à propos de ce vénérable monument ? Aucun écrivain, si hardi fût-il, n'a osé en faire les honneurs au malheureux Albin qui, dans tous les cas, n'aurait pas eu le temps de s'y construire une résidence, mais des auteurs y ont amené Clotilde, reine de France, saint Avitus, Gondebaud, Thierry, archevêque de Sens, et une foule d'autres grands personnages. Il n'y a que la poésie de vraie, a dit un poète. Nous n'éplucherons donc pas avec trop de soin ces charmants racontars qui embellissent un paysage et rendent vénérable un édifice profane ou sacré.

Celui-ci a été réparé récemment. La chapelle a subi un badigeon ; les ouvertures des vieilles murailles ont été remaniées. Au premier, on a installé une école et au second la mairie ; *Utile dulci;* enfin on a recouvert d'une toiture la tour démantelée, et désormais il n'y pleuvra plus.

On accède aux divers étages par un escalier en pierre, étroit, tournant et obscur. Un faible jour pénètre de distance en distance à travers les petites ouvertures pratiquées dans un mur épais. — Dans la salle de la mairie, on voit un écusson qui porte un lion, une croix de Saint-André, une branche de rosier, et trois chevrons ; les émaux sont effacés. Au-dessus, on lit le millésime de 1551.

D'une croisée, dont les meneaux sont intacts, on aperçoit les groupes du Mont-d'Or, Poleymieux--le-Haut, avec sa tour ronde et la montagne de la Croix ; tandis que de la fenêtre opposée, on jouit d'une vue splendide sur la Saône, les îles, Villevert, Neuville, Fleurieux et la Dombes qui s'enfuit au loin, autrefois calme, aujourd'hui secouée par ses bruyants chemins de fer.

Nous gagnons Curis par le chemin d'en haut ; la plaine est nue ; ni arbres, ni maisons ; mais, à gauche, on a le massif toujours pittoresque du Mont-d'Or, et à droite, la ravissante vallée de la Saône ; du reste, le trajet est court, et la solitude n'a pas le temps de vous peser.

Villevert, au nord de Couzon, est-il connu ? existe-t-il, même ? on pourrait en douter, tant il est effacé, éclipsé, annihilé par ses deux voisins : Neuville et Curis.

Neuville est de l'autre côté de la Saône, à l'extrémité orientale du pont ; Curis est à deux kilomètres au couchant. Quand les vagons s'arrêtent, les employés appellent : Neuville ! Neuville ! et quand les voyageurs ont mis pied à terre, deux tiers descendent à Neuville, un tiers monte à Curis.

Villevert, lui, n'est composé que de quelques maisons ; il est à un kilomètre d'Albigny, à trois de Couzon, à douze de Vaise ; ce n'est qu'un hameau, et encore son modeste groupe d'habitations se divise-t-il en deux parts, l'une près de la gare, l'autre au bord de la rivière ; celle-ci jouit de la présence de deux ou trois cafés-restaurants, et de quelques jolies résidences d'été ; l'autre grandira certainement plus tard. Les deux modestes sections sont reliées par une belle avenue de platanes.

Pour aller à Curis, gracieux village à l'entrée du vallon de Poleymieux, on prend, à gauche, une route sinueuse, montante, mais bonne, large et ombragée de platanes ; on franchit la tranchée du chemin de fer sur un beau pont de pierre et on a une belle vue sur Neuville, ses monuments, la Saône et toute cette splendide vallée.

Afin d'adoucir la montée, on a creusé une vaste tranchée dans le lehm qui ne contient pas un caillou. On dirait que cette terre argileuse a été déposée là par un lac aux eaux tranquilles, tandis que là-bas à Neuville, se trouvent des amas immenses de cailloux roulés. De quelles convulsions la nature a-t-elle été agitée dans ces contrées? on ne les connaît que par leurs effets. On dirait que des remous violents ont jeté sur l'emplacement où devait être Neuville, un jour, ces masses errantes venues de pays lointains, tandis que la chaîne du Mont-d'Or servait de digue aux monstrueux torrents descendus de l'est, repoussait leurs eaux, les détournait violemment et les jetait sur les pays du midi.

En montant toujours, on arrive à l'entrée de la pittoresque vallée. Une carrière de pierres jaunes frappe la vue ; on aperçoit en même temps les premières maisons du village, et le ruisseau, le Thou qui les arrose ; de nombreuses fontaines donnent une eau abondante aux habitants.

Un canal souterrain, qui amène les eaux d'un point plus élevé, est semé de stalactites et de stalagmites transparentes d'une grande légèreté.

Curis est un village élégant et charmant ; les maisons, avec terrasses ombragées de vignes, indiquent de l'aisance et du goût ; d'où lui vient son nom ? De *Curius*, un guerrier, ou de *Curia*, lieu de réunion ?

On a d'autant plus à choisir qu'on a de plus nombreux souvenirs des Romains sous les yeux. Des blocs de murailles le long du vallon, des conduits en plomb, des briques, du fer et des débris de toute sorte rappellent ce vaste aqueduc qui amenait à Lyon les eaux du Mont-d'Or. Un château, qui garde l'entrée de la vallée et auquel nous allons revenir, a été bâti certainement sur des substructions romaines.

En ce moment, nous sommes en présence de la mairie, déplorable construction, une des plus humbles et des plus triviales du pays !

La route qui se détache et monte au nord conduit à Curis-le-Haut et à l'église, modeste édifice d'une parcimonieuse et maussade architecture, œuvre d'un entrepreneur non d'un artiste ; le clocher est carré, néo-byzantin, très élevé ; il est couvert en ardoise et s'enlève bien dans un ravissant paysage. La nef est plafonnée. Cette construction, érigée en 1821, rappelle parfaitement ce qu'on peut attendre de cette époque, la plus déplorable pour l'architecture religieuse.

Devant l'église, et comme complément du décor, un beau tilleul, planté sous Louis XIV, prête son ombrage aux fortes têtes qui viennent parler politique sur la place, aux nouvellistes qui tiennent à être au courant des affaires et aux agriculteurs

qui causent tout simplement des récoltes, des marchés, de la pluie et du beau temps.

Albigny, Saint-Germain et Curis ont conservé
longtemps une coutume complètement moyen-âge.

« Dans une transaction passée en 1298, entre le
Chapitre métropolitain de Lyon et Guy d'Albon,
ancien haut seigneur, de père en fils, d'Albigny,
Curis et Saint-Germain, il est dit que les officiers
de justice de ces trois paroisses étaient en possession de faire *courir* et *trotter* (ce sont les termes
de l'acte) les coupables et prévenus... c'est-à-dire
que ceux qui avaient été surpris *en adultère* ou
en tentative d'adultère d'une paroisse à l'autre
devaient-être courus, chassés et hués jusqu'au lieu
de leur domicile, où se faisait sans doute un beau
charivari. »

« J'en infère, dit Le Laboureur, que cette coutume était universelle dans la province. Ce grand
crime de lèse-société était expié par cette infamie
publique qui sans doute le rendait infiniment plus
rare qu'aujourd'hui. On y joignit ensuite des
amendes pécuniaires. Ainsi nous apprenons des
statuts accordés à ceux de Montluel, par Guichard
de Beaujeu et de Montluel, que celui qui était pris
en faute dans la maison d'un bourgeois de la ville
était condamné à courir *les chausses avalées (rabat-
tues)* chassé par le peuple armé de gaules, depuis
le lieu de sa capture jusqu'à sa demeure. L'igno-
minie de cette course était la principale punition
de la faute, car l'amende n'était que de trois
sous. » *(Annales lyonnaises, 1814).*

Si nous voulions aller à Saint-Germain, nous

serions attirés par la jolie route qui de l'église
se dirige vers le couchant, puis incline vers le nord,
promenade facile et charmante qui nous procurerait
plus d'une admiration; mais notre but est Poleymieux; redescendons à Curis-le-Bas et remontons
le joli ruisseau qui coule le long de la vallée et
accompagne la grande route dans tout son parcours.

A droite, nous avons un rocher et des carrières;
à gauche un château qui a grand air dans sa tris-
tesse, grâce à deux tours du XVe siècle bien conservées, à sa position exceptionnelle à l'entrée de
la vallée et à ses beaux ombrages.

Les bâtiments d'habitation sont importants mais
peu anciens; ils sont du siècle dernier; ils ont remplacé le château féodal des d'Albon du Lyonnais,
comme celui-ci avait certainement remplacé quelque villa romaine; alors que les empereurs romains habitaient Lyon.

Grands amis du bien-être et passionnés pour les
beaux sites, les vainqueurs de la Gaule avaient, en
effet, couvert de leurs résidences tous les vallons,
et toutes les pentes du Mont-d'Or. La féodalité
les remplaça, non en construisant des forteresses,
comme dans la Bresse et le Dauphiné, les archevêques de Lyon, maîtres du pays, ne l'eussent pas
souffert, mais en bâtissant des châteaux de fantaisie et des villas. Après eux, les grands propriétaires sont venus et, nulle part, ils n'ont trouvé
des sites plus riants et plus dignes de l'opulence
moderne.

Le premier seigneur de Curis connu fut Guil-

laume de Marchamp, signalé en 1209. Etait-il ancien dans le pays ? Nous l'ignorons. Il fut bientôt
remplacé dans sa seigneurie par une grande famille,
la famille des d'Albon du Lyonnais, dits de Saint-
André.

On connaît l'illustration de cette maison, la plus
ancienne de nos pays, presque souveraine, et la
seule dont la noblesse n'ait jamais été discutée.

André d'Albon, seigneur de Curis, comparut, en
1245, devant l'évêque d'Autun, comme fondé de
pouvoirs des habitants de Lyon.

On supposait jadis que ce chevalier avait eu
pour père un Guy-André, fils puîné de Guigues VIII,
comte d'Albon, dauphin de Viennois, et de sa
femme Marguerite de Bourgogne.

Appuyés sur cette fausse tradition, les d'Albon
du Lyonnais avaient pris pour armoiries, à la fin
du seizième siècle, un écu écartelé d'Albon et de
Dauphiné : *de sable, à la croix d'or*, qui est d'Albon et *d'or au dauphin vif d'azur, langué, barbé,
crêté et oreillé de gueules*, qui est de Dauphiné,
mais la critique moderne a démoli cet échafau-
dage et a établi que non seulement cette filiation
n'est pas prouvée, mais que Guy-André n'a jamais
existé.

Descendus ou non des anciens comtes d'Albon,
dauphins de Viennois, les Albon du Lyonnais
n'en ont pas moins droit d'être fiers de leurs
grands hommes, de leurs alliances, des hauts em-
plois qu'ils ont occupés et des honneurs qui leur
ont été accordés.

Ils se divisèrent en plusieurs branches, dit

M. Steyert. Le rameau de Saint-André portait pour brisure un lambel de trois pendants, sur la croix d'Albon.

Au milieu du XVIIe siècle, ajoute un curieux mémoire de M. A. Vachez, publié en 1883, Laurent de la Veuhe, trésorier de France et comte de Chevrières, devint baron de Curis. Il avait acheté cette terre avant 1653, de messire Camille de Neuville, alors abbé d'Ainay et de l'Ile-Barbe, auquel elle avait été cédée par Jean-Pierre d'Albon, seigneur de Saint-Marcel. Laurent, homme de bien et d'honneur, était fort aimé des Lyonnais, mais en 1666, ayant fait bâtonner « un nommé Lanchenu, partisan, receveur des taxes imposées sur d'autres partisans, qu'on nomme gens d'affaires, » pendant que lui-même était prévôt des marchands de Lyon, il fut, par un arrêt du 31 juillet de la même année, condamné à la peine de mort ; les arquebusiers de la ville, au nombre de huit, qui avaient donné les coups devaient être roués vifs, mais prudemment ils avaient pris la fuite.

Ledit arrêt contient « que le sieur de la Veuhe aura le cou coupé, dégradé de noblesse, lui et sa postérité, sa charge de trésorier de France confisquée au Roy et tous ses autres biens confisqués. Condamné à 12,000 livres envers le Roy, 12,000 autres livres envers Lanchenu, à tous les frais du procès, sa maison de Bellecour rasée. »

C'était cher pour quelques coups de bâton.

Heureusement que ce jugement cruel ne put être exécuté que par contumace. Le baron de Curis s'était mis en sûreté ainsi que les arquebusiers.

Après une exécution en effigie sur la place des Terreaux, des lettres de grâce furent accordées et Laurent put mourir tranquillement à Chevrières, en 1671, après avoir légué à sa veuve tous ses biens.

Au XVII° siècle, leur manoir fut vendu à une famille Bay qui, à son nom, ajouta celui de la seigneurie. M. Joseph Bay de Curis, né le 30 avril 1674, fut conseiller à la Cour des Monnaies, membre de l'Académie de Lyon, écrivit un Mémoire sur le droit naturel et mourut le 19 mai 1761. Pernetti lui consacre une mention.

Au siècle dernier, le territoire de Curis appartenait encore presque entier aux comtes de Saint-Jean. La paroisse était à Saint-Germain et, tous les dimanches, un vicaire venait dire la messe dans une petite chapelle qui n'existe plus. En 1789, une municipalité et une paroisse furent établies à Curis et depuis lors, le joli village a conservé sa vie propre et son autonomie. C'est sous l'administration de M. Bied-Charreton, qui fut pendant plus de trente ans maire de Curis, que la plupart des embellissements modernes furent exécutés.

Quant au château, il fut acheté par Mme Franceschi, riche étrangère qui, pour arriver chez elle en voiture, changea en belle et bonne route carrossable, le mauvais chemin, le sentier plutôt, dit *des Brigandières*, qui allait de Villevert à Curis. Les habitants lui sont encore reconnaissants de ce changement radical.

De Mme Franceschi, le château fut acquis par M. Lafont, qui le revendit à M. Bœuf. M. Bœuf de

Curis, homme de bien et très aimé dans le pays, fut arrêté, en 1793, et périt misérablement comme tant d'autres Lyonnais.

Au retour de la tranquillité, un fils de M. Bœuf épousa une demoiselle Morand de Jouffrey qui hérita de son mari ; le manoir devint alors la propriété de cette nouvelle famille ; puis, le domaine fut divisé entre plusieurs propriétaires ; une partie des terres et le château passèrent aux mains de M. Ponchon qui les revendit à Mlle de Vauxonne et à M. de Bouchaud, les propriétaires actuels.

Outre MM. Bœuf et Joseph Bay, qui ont laissé divers écrits, Curis rappelle le souvenir de M. Ponchon de Saint-André, auteur d'*Eulalie ou les quatre âges de la femme*, né à Lyon, le 7 mars 1780, mort en 1861, et de Mlle Sophie Ballyat qui a laissé un recueil de poésies : *Le Mont-d'Or*, sans nom d'auteur, Lyon, 1851, in-12, avec une préface par M. Morand de Jouffrey, fils du Conseiller.

Une route magnifique, à peine montante, conduit de Curis à Poleymieux, en suivant le fond d'une délicieuse vallée qui court du nord-est au sud-ouest et rappelle, sans trop de désavantages, les sites si vantés du Dauphiné et de la Savoie. On remonte un joli ruisseau, le Thoux, qui accourt des montagnes et qui arrose des prairies et des vergers, avant d'aller se perdre dans la Saône. Des groupes d'arbres d'essences diverses, restes de nos vieilles forêts druidiques, apparaissent d'ici et de là et charment la vue. On passe devant une humble ferme qui fut autrefois la baronnie de la Blache, et on arrive au hameau de la Rivière, un des nombreux assemblages de maisons qui forment la commune de Poleymieux.

Au-dessus de la Rivière est le hameau de la Roche. Une ancienne maison forte est la Gruerie, où on rendait la justice. Au fond du vallon, aux Gambins, sur la route qui conduit à Limonest, on contemple avec vénération la maison qui fut le berceau d'Ampère, simple et modeste demeure pour le passant, illustre pour le touriste, pour l'érudit, pour tous ceux qui simplement ont lu la Correspondance du célèbre mathématicien.

Le vaste savoir d'Ampère avait embrassé toutes les sciences, soulevé toutes les questions. Ses découvertes, en électricité surtout, ont fait progresser la civilisation. Il avait écrit sur la *Théorie mathématique du jeu;* sur la *Classification des corps simples;* sur les *phénomènes électro-dynamiques,* sur le magnétisme, la psychologie, la morale; eh bien ! si sa popularité est si grande, s'il est connu de masses, une part en revient à ses lettres si naïves, si simples, si candides, qui révèlent toute la droiture et l'innocence de son cœur. C'est ici, devant sa demeure, qu'il faut lire sa correspondance, étudier tout ce que cet homme de génie avait d'affectueux, de droit et de bon. Il semble que ce vallon en a gardé la trace. On unit toujours le nom de Rousseau à celui de Roche-Cardon; que bien à meilleur droit le nom d'Ampère demeure attaché à celui de Poleymieux; il lui donnera un reflet de poésie bien nécessaire pour combattre et faire oublier d'amers et tristes souvenirs.

L'aisance règne dans cette jolie vallée. La population en est intelligente, énergique et bonne. Elle est agricole, cultive de nombreux arbres à fruit. Le vin est un des meilleurs du Mont-d'Or.

Profondément encaissée et sans issue, cette vallée, si douce et si belle aujourd'hui, fut, dans les temps préhistoriques, un repaire de bêtes féroces ou sauvages, une bauge immense perdue sous une épaisse forêt. Le géologue aime à l'exploiter et il y découvre avec ravissement de nombreux débris de fossiles d'ours, d'éléphants, de bœufs ou d'aurochs, d'hyènes et de ces petits chevaux de la race de Solutré que nos premiers ancêtres chassaient comme gibier. La chair de ces rapides solipèdes leur paraissait aussi savoureuse que celle du renne ou de l'urus, si communs dans toutes les prairies de la Saône.

Une admirable course à faire, serait de suivre à gauche la route qui monte à Limonest, à travers de jolis vallons, des bois et en escaladant le Mont-Verdun ; aujourd'hui, nous suivrons le chemin qui à droite, partant d'un beau groupe scolaire, conduit à Planchan et à la nouvelle église, de là, sur les flancs du Mont-Py, à Poleymieux-le-Haut où se trouvent la veille église et le château.

De la nouvelle église, peu à dire. Le clocher se voit de tout le vallon ; la nef est correcte, dans ce style lyonnais ogival-byzantin qu'on retrouve un peu partout. La vue sur la vallée est ravissante.

On grimpe encore et on arrive au noyau de la commune, au plus ancien, au plus important des hameaux qui forment le village de Poleymieux.

8

Un pouillé du treizième siècle cite *Poleymia-cum*, qui relevait alors de l'abbaye d'Ainay. Une croyance populaire veut qu'un des abbés, le vénérable Théodore du Terrail, d'une vieille famille dauphinoise, y soit venu maintes fois accompagné de son neveu, un gentil page, devenu plus tard un habile écuyer et connu dans l'histoire sous le nom du grand et vaillant chevalier Bayard.

« Ce château, dont il n'existe plus qu'une faible partie, dit M. A. Vachez, dans son savant ouvrage sur les châteaux du Lyonnais, était possédé, en 1258, par Etienne de Lissieu. Simonne de Lissieu, veuve de Thomas de Gletteins, en rendit hommage en 1300. Au XVe siècle, il appartenait à Jean Jossard, co-seigneur de Châtillon-d'Azergues (1414-1464) qui le transmit à son fils Guillaume. Des Jossard, Poleymieux passa aux Baronnat. Claude Baronnat en rendit hommage en 1613, Pierre Baronnat en 1672. Poleymieux fut possédé ensuite successivement par François de Quinson (1719), François Dufournel (1759) et M. Servant, trésorier de France (1774). Ce dernier le vendit, en 1786, à Marie-Aimé Guillin du Montet, écuyer, ancien capitaine de la marine royale. La mort violente de ce dernier seigneur de Poleymieux, assiégé et massacré, avec des circonstances horribles, dans son château, par le peuple furieux, le 26 juin 1791, a donné à cette ancienne demeure seigneuriale une triste célébrité et forme l'un des épisodes les plus regrettables de l'histoire de la Révolution. »

Une grosse tour est tout ce qui reste aujourd'hui du vieux château habité par Etienne de Lissieu.

VESTIGES DU CHATEAU DE POLEYMIEUX

On s'inquiète peu de ce que fut cette résidence pendant le moyen âge ; tout s'efface devant le sombre événement qui a rendu le nom de Poleymieux célèbre dans les fastes du pays.

En 1783, le château était dans l'allégresse et la joie. Les habitants du village avaient voulu fêter le cinquantième aniversaire du séjour parmi eux de leur vieux curé, l'abbé Poncet. Le châtelain d'alors, M. Servant, trésorier de France, prenant part, au bonheur commun, invita le curé et les paroissiens à dîner dans la plus vaste salle du château. On mit en perce les tonneaux, on but, on chanta, on dansa toute la nuit et, chose merveilleuse, on utilisa la nouvelle découverte des frères Montgolfier, à peine alors connue. Au milieu de la fête, on fit partir un ballon de papier qui, aux cris de la foule ébahie, monta et alla se perdre dans les airs.

Ce fut une des premières Montgolfières lancées en signe de réjouissance et de plaisir.

Moins de dix ans après, le 26 juin 1791, cette même population alors si heureuse et si bienveillante, devenue cruelle et sanguinaire, sous un prétexte futile, attaquait le manoir à main armée, l'incendiait avec fureur, en massacrait les habitants et, à la honte de l'humanité, après avoir dépécé le corps de ses victimes, promenait ces hideux trophées dans les villages voisins, et, à Chasselay, les faisait cuire et les mangeait ; longtemps on n'a parlé de ces faits qu'avec horreur.

On a voulu les excuser, on ne les a jamais niés.

Le malheureux seigneur, ainsi massacré en dé-

fendant sa demeure, n'était plus le bon et doux
trésorier de France, M. Servant; c'était un officier
de la marine française, un vieux corsaire, ancien
gouverneur du Sénégal; homme dur, dont la sévérité contrastait avec la bonté de son prédécesseur.
M. Guillin du Montet avait acheté le manoir depuis
peu. Il comptait s'y reposer des fatigues d'une
vie active; mais au milieu d'une population rurale
qui sentait sa force, il ne sut pas oublier les habi-
tudes qu'il avait à son bord ou dans les colonies,
quand il faisait trembler ses nègres sous le fouet; il
se crut toujours un maître; il paya cher son erreur.

Cet affreux événement a été raconté avec les
détails les plus précis par tous les écrivains lyonnais; on en a fait des romans; on a noirci à plaisir les paysans ou le seigneur, suivant les opinions
de l'écrivain. Nous ne joindrons pas notre note au
concert, et nous nous bornerons à gémir sur les
crimes dont, à toutes les époques, s'est rendue
coupable notre pauvre humanité!

« ... De ces derniers témoignages, dit un écrivain qui ne peut comprendre qu'à dix ans de distance, une population se montre bienveillante et
féroce, il découlerait que ceux qui tuèrent, incen-
dièrent, promenèrent et mangèrent les cadavres,
étaient tous des gens étrangers à la commune. »

L'excuse est bien trouvée, mais pourquoi les gens
de la commune indignés ne se joignirent-ils pas au
vaillant citoyen Claude Grand, maire de Saint-
Germain-au-Mont d'Or, qui fit inutilement les plus
héroïques efforts pour arracher les victimes à leurs
bourreaux?

Pourquoi les autorités étaient-elles à la tête des massacreurs ?

Que faisait la garde nationale armée au milieu des assaillants ?

Pourquoi aucune arrestation ne fut-elle faite, après le crime commis ?

On sait avec quelle vigueur le Conseil municipal républicain de Lyon blâma et flétrit la municipalité et la population de Poleymieux. C'était justice.

Donc le fait coupable existe. Que les avocats plaident les circonstances atténuantes, on ne convertira que les convertis.

Cette tour, munie de fenêtres modernes, sert d'habitation. L'église ancienne est un peu plus haut. C'était, au temps jadis, la chapelle du château. Elle pouvait servir de type aux plus humbles églises de campagne. Un petit clocher carré l'accompagnait. A côté était la cure. Aujourd'hui, église et cure sont abandonnées ; l'exercice du culte se fait plus bas.

On n'a plus qu'un effort à faire pour atteindre le sommet du Mont-Py. Sur l'esplanade qui le couronne est une croix. De là, le coup d'œil est éblouissant.

A vos pieds, vous avez la Saône bordée par de nombreux villages. Plus loin, la Dombes, la Bresse, le Dauphiné, borné par les Alpes dont le vaste rideau s'étend de la Savoie à la Provence. L'esprit ravi ne sait plus sur quel point se porter, à quelle idée historique ou biologique il doit s'arrêter.

Nous allons cependant vous montrer un spectacle encore plus vaste, vous présenter un tableau plus émouvant, plus terrifiant.

L'esprit a soif d'infini, d'inconnu, d'idéal. Nous allons vous en rassasier.

A notre gauche est un mamelon encore plus élevé, c'est le mont de la Garenne, couvert de bois et surmonté par un pavillon que fit construire, il y a plusieurs années, un architecte parisien, M. Filhol.

Du sommet de ce pavillon, la vue s'étend sur le nord et le couchant, sur les Cévennes et les montagnes du Mâconnais et du Morvan, aussi bien que sur les pics du Dauphiné et de la Savoie.

Tel qu'il est, le panorama compte peu de pareils dans l'univers ; mais appelez à votre aide la science et vous allez être confondu.

Il y a des milliers et des milliers d'années, ne précisons pas, un immense glacier partant des Alpes couvrait toute l'étendue qu'on devine ou qu'on voit de la grande chaîne italienne jusqu'à nous.

Quel éblouissant, quel terrible spectacle que la vue de cet Océan de cristal marchant d'un pas égal, comblant les vallées, couvrant les fleuves, surmontant les crêtes et allant, d'un pas imperturbable et inconscient, du levant au couchant, poussé par une loi inconnue dont les savants ont vu l'effet sans en avoir deviné la cause. La Savoie, la Suisse, la Bresse et le Dauphiné sont couverts de cette immense masse glaciaire, dont les stries marquent la direction et la voie. Si un œil humain pouvait la contempler, il n'en pourrait soutenir l'éclat. Elle va, comble le lac de Genève, emprisonne l'Ain, le Rhône et l'Isère qui bouillonnent et qui courent sous des voûtes de cristal. Elle menace la Saône, enveloppe la douce rivière et atteint les flancs du Mont-d'Or en même temps que les coteaux du Beaujolais.

Mais voilà qu'elle se heurte à une muraille blanche qui court du Mâconnais au Vivarais.

Des montagnes des Cévennes, mais cette fois allant du couchant au levant, un glacier est descendu, couvrant les plaines de la Loire, les montagnes du Lyonnais, les vallées du Garon, de l'Azergue et de la Brévenne ; il envahit le Beaujolais tout entier et aborde la Saône dont il attaque les escarpements.

Les deux masses, les deux mers, le glacier cévenol et le glacier alpin se rejoignent et se heurtent dans le lit de la douce rivière. Aucun des deux ne peut repousser l'autre ; ils sont à bout de force et tous deux expirent en se rejoignant.

Le Mont-d'Or est couvert de leurs embrassements ; il est étreint de leurs glaces rivales ; à ses flancs s'attachent les blocs erratiques, les cailloux roulés, les masses granitiques ou calcaires venues du Cantal, du Puy-de-Dôme, du Mont-Blanc et du Jura.

Les aigles qui passent dans les nues tournent et fuient, se croyant arrivés à ces glaces du pôle où il n'y a plus de vie, où la faune est morte comme la flore et où on n'entend le bruit que de la tempête et des ouragans.

Puis les siècles s'écoulent ; des siècles et puis des siècles, sans qu'il y ait mémoire d'homme pour les compter.

Puis voilà que tout craque, s'écroule et s'effondre.

D'immenses remous font tournoyer des cailloux roulés venus des frontières du monde ; des crevasses s'ouvrent dans les glaciers ; les fleuves et les torrents se révoltent et brisent leurs liens. Le Rhône en mugissant s'ouvre un passage, fend les rochers et jette dans la Méditerranée un amas de roches et de terres qui d'un golfe profond fait un immense delta.

La température est moins glaciale ; on dirait que le soleil veut reprendre un peu de puissance, de chaleur et d'éclat. Sous ses feux, la terre se délivre de son enveloppe, et réapparaît. Le Mont-d'Or émerge des neiges comme une île qui s'élève du sein des flots ; puis les plaines se dégagent et les fleuves immenses, courroucés, mais libres désormais, rentrent peu à peu dans leur lit.

Alors la vallée de la Saône s'ouvre au mouvement et à la vie. De grands pachydermes paraissent, remontant du midi au nord et bravant les périls des glaces et des torrents pour se répandre dans les vastes pâturages qu'ils devinent de l'autre côté des glaciers ; les mammouths velus, aux défenses tournées vers le ciel, des cerfs aux cornes aplaties, des rennes en immenses troupeaux, des aurochs, des chevaux, des sangliers courent à mi-coteaux entre les neiges et les torrents. Bientôt des ours et des loups les suivent ayant pour mission d'arrêter le trop de développement de ces herbivores qui sans eux couvriraient le monde ; puis voilà que les neiges ont disparu et dans la vaste vallée on aper-

çoit, par familles ou par tribus, les guerriers mon-
goloïdes, esquimaux ou lapons, petits, bruns, sauvages, méfiants, armés de flèches et de lances à pointes
de pierre ou d'os, armes terribles, empoisonnées,
qui donnent plus sûrement la mort que la balle ou
le boulet de leurs arrière petits-neveux.

Dans leurs haltes et leurs campements, ils font
macérer du sang humain avec du fiel de la vipère ;
ils y trempent leurs armes et le mastodonte atteint
d'une lance ou d'une flèche tombe aussitôt foudroyé.

A l'auroch, au cerf, au renne, blessés à la chasse,
ils courent enlever la partie frappée, avant que le
poison n'ait glissé dans tout le corps et n'ait rendu
la chair impropre à la nourriture du chasseur.
D'autres se servent simplement du jus de l'ellébore,
de l'aconit ou du fruit d'une espèce de figuier. Qui
nous dira la vie de ces peuples dont on retrouve
les armes, les ustensiles et les foyers ?.. dont les
pas sont encore empreints sur les bords de la
Saône, mais qui, fuyant une race plus forte et
mieux armée, se sont enfoncés vers le nord sans
laisser autre chose qu'un vague et obscur souvenir ?

On se perd à contempler ces temps lointains ;
l'esprit s'affole à énumérer les siècles, les époques
et les âges. Et cependant nous ne sommes pas
remontés au commencement des temps.

Ce Mont-d'Or au sommet duquel nous sommes,
ce soulèvement qui domine la plaine comme une
citadelle, dont les contreforts, les bastions, les
redans et les glacis sont formés tantôt de roches
éruptives, de gneiss et de granit, tantôt de calcaires,

de marnes, de blocs coquilliers, combien de fois
a-t-il été lancé hors de l'enveloppe terrestre et
combien de fois a-t-il été englouti dans d'insonda-
bles profondeurs ? A quelle époque a-t-il jeté des
éclats de cristallisation sur l'Ile-Barbe et jusque de
l'autre côté de la Saône ? Combien de fois a-t-il
changé de flore et de faune avant d'en arriver à
ses productions d'aujourd'hui ? Combien de siècles
est-il resté sous les eaux ? Combien à l'air, avant
l'époque des glaciers ? A quelle date s'est-il couvert
de pâturages et de forêts ? A quel millénaire a-t-il
été foulé pour la première fois par un pas humain ?
A ces pensées, à ces nombres, l'esprit subit un
double courant d'orgueil, en se sentant la force de
poser de telles interrogations ; d'anéantissement et
de honte en ne recevant pas de réponse.

Que l'homme est grand d'avoir dompté la vapeur
et l'électricité ! qu'il est petit en face de tant de
mystères qu'il ne peut résoudre !

Heureux qui, en présence de ces cruelles impé-
nétrabilités, remplaçant les idées par des mots et
le génie par la mémoire, peut, au sommet d'un
pic d'où il aperçoit les villes comme de la poussière
humaine, oublier l'infini, s'absorber dans le fini,
et, comme ce vieillard qui est là bas, paisiblement
insectiser, botaniser, classer, grouper, analyser, et
enregistrer, à l'aide de ses formules et de ses
méthodes ! (1)

(1) « Il faut prendre garde, dit Alfred Tonnellé, que la botani-
que ne rétrécisse la nature ; que, tout entier à une fleur, on
n'oublie d'admirer l'ensemble d'un beau paysage, de la verdure
et du ciel. » (*Fragments sur l'art et la philosophie.* p. 266.).

Que lui importent, à lui, les magies et les enchantements de l'univers ? il conserve son cœur en paix ; son âme est calme, son esprit tranquille, et, fermant les yeux à l'étendue terrestre, intellectuelle ou morale, les oreilles bouchées aux grandes voix et aux immenses enseignements, il sait se contenter modestement de cueillir une petite plante qu'il ferme dans sa boîte, ou de ramasser un insecte qu'il pique sur un liège. Rien n'est au-delà ; il est satisfait : il vivra longtemps, sans trouble, sans souci, sans tourment et peut-être même aura-t-il la fortune, en redescendant parmi les hommes, d'entendre dire à la foule qu'il est une bibliothèque vivante, un puits de science, une mine de savoir !

Quant à l'autre, resté rêveur sur la montagne, qui ne dira, qui ne pensera que c'est un fou ?

Hâtons-nous donc de quitter le mont de la Garenne. Disons adieu aux Alpes et aux Cévennes, au Rhône, à la Saône et à l'Azergue argentée qui court à nos pieds ; à la plaine du Dauphiné immense, à la Dombes humide, à la Bresse fertile, aux riches et fortunés coteaux du Mâconnais et du Beaujolais. Il ne fait pas bon rester dans la solitude où on est tenté ; il ne faut pas s'attarder seul en face de l'immensité qui attire et dévore. L'homme est un animal poli et civilisé qui doit vivre en troupeau avec ceux de son espèce, et ne doit fréquenter ni les élévations ni les hauteurs.

Les bas-fonds nous attendent ; descendons-y.

Pour dévaler jusqu'au bourg aristocratique de Saint-Germain, que nous avons là-bas sous nos pieds, nous passons à côté d'une source et d'un lavoir, curiosité au sommet d'une montagne, et nous prenons un chemin plus apprécié des artistes que des utilitaires.

Le roulage est peu actif entre Saint-Germain et Poleymieux; l'administration des Ponts et chaussées aurait beaucoup à faire pour établir ici un service de tramways ou de cars-Ripert. Coupés, chaises, breacks, tandems, dogcars, cabs, stanhopes s'y voient peu; mail-coach et daumonts encore moins; mais quelle vue! quel régal des yeux, quelle fête de l'intelligence! A mesure qu'on se rapproche de l'Azergue et de la Saône, les contours se dessinent, les monticules apparaissent, les petits vallons se creusent. C'est la même chose, ce n'est plus le même aspect.

Voici des tours et un clocher, de vieux remparts et des châteaux modernes; de belles routes ombragées et, tout le long de ces avenues, de jolies maisons qui peuvent aussi bien appartenir à des bourgeois qu'à des cultivateurs. Les vignes et les rosiers courent le long des murs; les arbres fruitiers abondent; les champs sont des jardins; est-ce Potemkin qui aurait créé ce village, pour charmer une nouvelle Catherine? Non. Nous sommes tout simplement dans le Mont-d'Or.

Ce luxe est de bon aloi, il est vrai; il n'est dû qu'à l'agriculture, à l'intelligence, au travail et à l'ordre des habitants.

Dans les vignobles qui dominent Saint-Germain, on remarque de nombreuses carrières. Les gryphites dont les roches sont pétries annoncent qu'on

marche sur les couches inférieures du lias. On traverse les crases sur des ponts donnant passage aux
chemins desservant les carrières, et on arrive à la
partie haute et calme du village.

C'est le quartier tranquille, en dehors des bruits
du monde civilisé.

On passe devant un lavoir, un hôtel, celui du
Mont-d'Or, et on trouve une place ombragée de
tilleuls qui offre au passant altéré une fontaine
dont l'eau excellente vient de la montagne et
tombe claire et pure dans un double bassin.

Une belle route à gauche nous conduirait à la
gare et à la Saône, mais nous avons mieux à faire
qu'à partir et nous allons visiter le pays.

Nous courons au mamelon qui porte l'église,
les vieux remparts et ce qui reste du formidable
château construit par les archevêques de Lyon.
Une allée ombragée de platanes nous y conduit.
Nous passons sous des terrasses et de hautes tours,
admiration et joie des peintres lyonnais; nous
gravissons quelques marches et nous voici sur
une terrasse ombragée de sycomores et de marronniers. Un panorama splendide se déroule sous
nos yeux; c'est la Saône aux doux méandres; c'est
la Dombes sous son beau côté, celui qui court le
long de la rivière, qui est sain, ondulé, et offre une
multitude innombrable de villages, de châteaux,
de riantes habitations et, au loin, la pittoresque
ville de Trévoux. A nos pieds s'étendent des prairies, des vergers et des parcs; ici, au milieu de
jeunes ombrages, le château du comte de Quinsonnas, recouvert d'ardoises, flanqué d'une tour

à chacun de ses angles et à peine achevé. De l'autre côté de l'église, le château fief de Champvieux, propriété jadis de M. Mayeuvre de Champvieux, aujourd'hui aux dames de Montbriant; plus loin le château fief de la Brosse, et, en descendant vers la Saône, un beau château moderne avec pelouses et grands ombrages; spécimen de l'élégance et du goût de notre temps; c'est la riche demeure de M. Jacquet.

Nous avons fait le tour des vieux remparts en suivant le chemin de ronde; nous avons admiré la vue au midi, au levant et au nord. Au couchant, nous avons les escarpements de la montagne, il est temps de pénétrer dans l'intérieur du vieux manoir.

La forte enceinte enfermait l'église, le château et des réduits pour les habitants, quand un danger les menaçait.

Saint-Germain était autrefois paroisse avec seigneurie faisant partie du diocèse de Lyon, archiprêtré des suburbes. L'église, dédiée à saint Germain, a été remaniée à diverses époques, le chœur est roman. C'est la partie ancienne de l'église. La nef centrale est séparée des nefs latérales par des piliers monolithes, ronds, trapus, d'un caractère grave et sérieux. Les bas côtés sont éclairés par six fenêtres étroites, ogivales, d'une grande simplicité; la façade surmontée de clochetons, est toute moderne; elle est due au crayon de M. Sainte-Marie Perrin, à qui on doit les beaux travaux de Fourvière et de Saint-Bruno, à Lyon. Un vieux clocher carré, solide, austère, vieille tour d'un autre âge, s'élève pesamment au-dessus du chœur et donne un cachet singulièrement archaïque à l'édifice.

La place devant l'église avec ses beaux ombrages et ses terrasses a beaucoup de caractère et de couleur.

A gauche de l'église est la mairie, modeste et proprette. A droite, se dresse une tour élevée, carrée, sans autre ouverture qu'une petite porte. Au sein de ce donjon, point de voûtes, point de planchers, rien qui arrête la vue et empêche d'apercevoir le ciel, comme si on cherchait les étoiles à travers un télescope géant.

Dans la partie du rempart qui regarde le nord, se voit encore une meurtrière en bon état. Elle est accompagnée du réduit où se tenait la sentinelle chargée de surveiller les approches du portail d'entrée.

Les rares ouvertures de cette muraille possèdent à leurs parties supérieures des traverses en bois au lieu de traverses en pierre. On peut observer le même système de construction dans les ruines du château de Francheville, en train de disparaître en ce moment. On suppose que le château de Saint-Germain remonte à la fin du XIIᵉ ou au commencement du XIIIᵉ siècle, à l'époque où le quatre-vingt-cinquième archevêque de Lyon, Reynaud II de Forez (1193-1226) fortifiait fiévreusement les principaux points des possessions de son Eglise.

C'est dans cette enceinte redoutable que les vassaux venaient se réfugier, en temps de guerre et quelques-uns y avaient même une demeure qui leur appartenait en toute propriété. Ces réduits furent négligés à mesure que la tranquillité se fit dans le pays et surtout quand les progrès de l'artillerie eurent fait tomber à jamais les vieilles forteresses féodales. On en voit encore cependant deux ou trois spécimens curieux, au couchant de l'église et ce n'est pas la moindre curiosité du pays.

L'antique sentier qui conduisait de la citadelle à la Saône existe encore, tortueux et pittoresque, arrangé à la moderne avec des marches rustiques, mais reconnaissable encore à des signes certains. La topographie n'a pas changé depuis les siècles primitifs de notre histoire et c'est bien par là qu'ont passé jadis les Romains, les Francs, les chefs, les archevêques, les guerriers maîtres du Mont-d'Or. Aujourd'hui, propret, il abrège la distance mais il ne sert plus qu'aux piétons et ce sont de grandes et belles voies, des routes ombragées et à pente douce qui conduisent de sa partie inférieure, c'est-à-dire du fond du vallon, au port de la Saône et à la gare importante qui fait la fortune du pays.

Le District de la campagne avait donné, le 26 germinal an II, le nom de Mont-Hydins au beau village. Fils naturel du maire Bertrand, Hydins avait partagé toutes les idées et approuvé tous les projets terribles de Chalier, son intime ami. Après le 29 mai 1793, il fut arrêté et incarcéré par les Lyonnais. Redoutant leur vengeance, quoiqu'il n'eût été condamné qu'à la détention, il se pendit dans sa prison, en apprenant le supplice de Chalier. Un an après, Saint-Germain avait repris son nom et Hydins était bientôt oublié.

Au promeneur voulant retourner à Neuville et à Villevert, nous offrons la jolie route qui, de Saint-Germain-le-Haut, conduit à Curis, ou, si l'on veut éviter Curis, le chemin vicinal qui passe sous le château de Quinsonnas et descend vers la partie la plus riante de la Saône. Outre qu'il suivra un chemin complètement rustique et en partie sous bois, il visitera le champ curieux des expériences faites pour combattre la maladie de la vigne par divers procédés.

Il est difficile de parler continuellement et toujours de la beauté du paysage ; il est tout simplement ravissant. Après avoir traversé un petit bois, on descend dans un ravin et on se trouve au bord de la Saône, sur une route ombragée de grands arbres et bordée de belles propriétés ; on arrive à Villevert à travers une campagne qui ressemble à un parc anglais ; mais ce n'est pas de ce côté que nous dirigeons nos pas. Nous allons droit devant nous, à la Saône, au Port-Maçon, et à la gare de Saint-Germain, simple station avant l'ouverture de la ligne de Tarare, aujourd'hui, une des plus importantes du pays. C'est d'ici que nous pourrions nous embarquer à toute heure pour Lyon, l'Arbresle ou Paris, mais notre voyage au Mont-d'Or n'est pas terminé, tant s'en faut, et après avoir contemplé le cours lent et sinueux de la Saône, les pentes du mont de la Croix, de la Garenne, du Verdun, nous reviendrons tranquillement sur nos pas, en marchant droit au couchant.

C'est au Port-Mâcon que furent trouvés, il y a quelques années, les débris importants d'un

Elephas antiquus, victime sans doute, des cataclysmes de la période glaciaire et compagnon
malheureux de ces lourds pachydermes qui remontaient jadis en troupeaux, le long de la Saône,
quand les passages étaient libres entre les glaciers
des Alpes et ceux des Cévennes. Ces débris, témoins
irréfutables des révolutions de notre globe, ont été
décrits avec sa haute compétence par M. A. Falsan,
à qui la géologie doit tant et de si savants travaux.

Nous passons, cette fois, au dessous du village de
Saint-Germain, dont nous admirons, dans tout leur
effet, les belles constructions féodales. Une route
moderne, bien entretenue, traverse les admirables
campagnes qui s'étendent entre l'Azergue et les
derniers contreforts du Verdun et, après deux ou
trois kilomètres de marche, nous voyons pointer le
beau clocher de Chasselay.

Nous sommes en plein pays gallo-romain et
nulle part les appellations romaines, les souvenirs
et les traces des maîtres du monde ne sont plus
communs que dans cette plaine, la plus vaste du
Lyonnais. Malgré son absence d'ondulations et son
horizontalité presque parfaite, elle n'en est pas
moins ravissante par sa fertilité, son admirable
culture, les rivières et les montagnes qui l'environnent, cadre charmant d'un charmant tableau.

Plusieurs ruisseaux l'arrosent, particulièrement
celui de la Gorge et celui de la Grande-Gorge, ce qui
explique la richesse et la diversité de sa culture ;
on y voit en effet des vignes et des prairies, des
vergers chargés de fruits, des jardins potagers, et
de grands domaines, des terres arables offrant tou-

tes les céréales et répondant à tous les désirs, tandis que le Verdun laisse descendre jusqu'aux flancs de ses derniers coteaux sa forêt de chênes. qui l'abrite contre les vents du nord, et que de l'autre côté de l'Azergue, l'œil suit les douces ondulations des beaux vignobles du Beaujolais.

La splendeur de la contrée avait attiré les Romains si fins connaisseurs, si amateurs des beaux sites et des beaux paysages ; aussi, est-ce ici que les historiens placent la demeure du fastueux Licinius, dont on a discuté ou nié l'aventure, ce qui ne prouve rien contre elle et ne nous empêchera point de la rappeler.

Dion Cassius raconte, pourquoi mentirait-il ? qu'un certain Licinius, né au pied de la montagne de Tarare, un Gaulois, par conséquent, d'abord captif et esclave de Jules César qui l'affranchit, devint, sous Auguste, intendant des impôts dans la Gaule et abusa cruellement de sa position.

Sa rapacité et les spoliations dont il se rendit coupable lui procurèrent la plus scandaleuse des fortunes. On prétend qu'il introduisit quatorze mois dans l'année pour augmenter le rendement des impôts. Les Gaulois pressurés crièrent et quand Auguste vint s'établir à Lyon, le coupable collecteur apprit qu'un redoutable orage se formait contre lui.

Licinius était trop habile pour se laisser prendre au dépourvu, comme le surintendant Fouquet, de scandaleuse mémoire ; il se rendit auprès de l'empereur, l'invita et le conduisit à son splendide palais, au pied du Verdun.

Tout ce que le luxe d'alors avait pu rêver y était réuni. Auguste, surpris d'abord, sentait éclater son indignation, quand l'affranchi lui ouvrant les caves profondes où il entassait ses trésors, lui montra ses incalculables richesses et les lui offrit avec toute la grâce d'un courtisan.

« Cet or, prince, lui dit-il, était une arme dangereuse entre les mains des Gaulois toujours mutins et qui détestent Rome et les Romains. Je le leur ai enlevé pour vous le remettre comme au maître à qui tout appartient. Entre vos mains, il deviendra fécond et utile de redoutable qu'il était quand il appartenait à vos ennemis. »

Charmé de cet immense présent, Auguste sourit à son favori et, en acceptant l'or, lui laissa son palais et ses domaines, bien suffisants et au-delà pour un homme qui avait si longtemps vécu dans l'esclavage et la pauvreté.

Au récit de Dion Cassius, Ménestrier ajoute : « Licinius avait acheté la plupart de ces collines fertiles qui s'étendent le long de la Saône depuis Vaise jusqu'à Albigny ; et, depuis le bord de cette rivière jusqu'à Tarare, il voulut que ce pays portât son nom et fût appelé *Montagne de Licinius*. Il existe encore un hameau nommé *Lissé*, reste de l'ancien nom *Mons Licinii* qui se trouve en quelques titres du Cartulaire d'Ainay. »

Nous nous permettrons de faire observer au savant historien lyonnais qu'il a fait ici plusieurs erreurs.

Lissé n'est que le nom patois du joli petit village de Lissieu, que nous visiterons plus tard, à trois kilomètres au couchant de Chasselay où nous sommes.

Que le *Mons Licinii* est incontestablement Mont-Luzin, magnifique résidence, château dans une admirable position, à moitié chemin entre ces deux localités ;

Que Mont-Luzin, Lissieu et Chasselay appartenant à Licinius sont bien au-delà d'Albigny ;

Et enfin, que la montagne de Tarare étant très éloignée du Mont-Verdun, Lissieu, Mont-Luzin et Chasselay ne peuvent en rien rappeler que le pays où est né Licinius ait jamais porté le nom de *Mons Licinii*.

Quant à Mont-Luzin, le véritable *Mons Licinii*, c'est bien lui qu'on trouve cité dans les chartes 48 et 51 du Cartulaire d'Ainay, chartes qui lui donnent pour confins le territoire des Bruailles, *a Brualiis*, qui l'avoisinent encore aujourd'hui.

Le choix fait par Licinius indique tout le charme de cette contrée ; après le grand spoliateur de la Gaule, Francs et Bourguignons, seigneurs féodaux, grands propriétaires et riches négociants sont venus avec empressement s'y établir, et sur tous les plis de terrain qui relèvent l'extrémité de la plaine de la Saône, entre le Verdun et l'Azergue, au couchant de Chasselay, brillent et s'étalent au soleil, ou se cachent sous leurs grands ombrages, les châteaux du Plantin, de Mâchy, de Montfort, de Belle-Scize et d'autres habitations modernes qui, pour n'avoir pas de titres de noblesse, n'en ont pas moins bonne tournure et grand air.

Au centre de ces aristocratiques manoirs, sur

la première de ces ondulations, qui, comme de
longues racines, descendent de la montagne et
vont doucement expirer dans la plaine, se dresse
et se développe le bourg de Chasselay, jadis ville,
baronnie, forteresse, résidence des archevêques de
Lyon, point assez important pour qu'on en ait
écrit l'histoire. Ce travail intéressant mais rare est
dû à la plume de M. Morand de Jouffrey.

Les vieilles chartes l'appelaient *Cacelliacum* ou
Cassiliacum, ce qui exclut l'étymologie fantaisiste
des bourgeois qui veulent en faire un rendez-vous
de chasse. On connaît l'innocente manie de ces
chercheurs, qui vont jusqu'à faire dériver canapé
de *Canibus aptum.*

Au XIVe siècle, dans les pouillés du diocèse de
Lyon, archiprêtré d'Anse, on cite l'« *Ecclesia de
Chasselay.* »

Chasselay avait été fortifié avec soin par les
archevêques de Lyon toujours en guerre avec les
bourgeois, avec les manants, les vassaux de la
campagne, les voisins, les bandes armées, tards-
venus, routiers et autres; archevêques, princes de
l'Église ayant du sang de batailleurs dans les veines
étaient aussi jaloux de leur pouvoir temporel que
les barons guerriers de la Savoie et du Dauphiné.

Au XIVe siècle, l'un d'eux, Pierre de Savoie, qui
guerroyait contre la commune lyonnaise, vint
s'enfermer dans Chasselay, dont l'éloignement et
dont surtout les puissantes fortifications le mettaient à l'abri des corps de métiers, qui, bons
pour la guerre des rues, étaient incapables de tenir
la campagne. Pierre triomphait, mais ayant eu le

malheur de résister aux volontés de Philippe-le-Bel
et de se mettre en pleine hostilité contre lui, le roi
de France lui envoya son fils aîné, Louis le batail-
leur, *le hutin*, comme on disait alors, qui assiégea
la forteresse, la prit, la démantela et lui prouva
qu'une place qui pouvait braver des bourgeois et
des serfs, était impuissante à résister à une armée
bien commandée. Vérité stratégique dont ne se
doutent pas les innocents qui, en présence de nos
ennemis, veulent remplacer les bonnes troupes par
des masses indisciplinées et les zouaves par des gardes nationaux.

Donc, plus d'armées ! Comme si on pouvait sup-
primer les chiens, tant qu'il y aura des loups.

Les fossés furent comblés, les murs abattus ;
Chasselay devint ville ouverte ; mais les vieilles
rues ont conservé nombre de maisons à portes
ogivales et à croisées croisillonées, et deux entrées
de la ville, au levant et au midi, sont restées
debout, avec leurs solides murailles, leurs défenses
et leurs ogives, joie des peintres lyonnais qui en
font le sujet de nombreux dessins.

En venant de la gare de Saint-Germain, la ville
se présente tout à fait à son avantage ; elle a grand
air. Une jolie fontaine en pierre, espèce de colonne
rostrale, de bon style, offre des guirlandes de
fleurs et de fruits habilement fouillées. La mairie
élégante, avec balcon supporté par des colonnes,
est à gauche. Sur l'emplacement des fossés, on a
planté des platanes et des sycomores qui font deux
jolies promenades. La ville a conservé sa forme
circulaire et, du centre, cœur de la cité, s'élève

une belle et puissante église, de style gothico-roman, dont la flèche aiguë, accompagnée de clochetons, monte avec beaucoup de hardiesse dans les airs.

L'intérieur est d'une jolie grandeur. Les trois nefs sont divisées par des piliers jumellés d'un bon caractère; le chœur est éclairé par trois belles et immenses fenêtres ogivales; la voûte est vulgaire comme style ; les fenêtres des bas côtés laissent aussi à désirer. Cependant, l'effet général est satisfaisant. Une très belle crédence est reléguée honteusement vers les fonts baptismaux. Cette pyramide en pierre, de style ogival fleuri, mérite l'attention des visiteurs.

L'agglomération autour de l'église, le vieux bourg proprement dit, n'est pas considérable, mais elle est riche, propre et gaie. Un excellent restaurant, l'hôtel Villard, attire les promeneurs, même de Lyon. La commune, composée de hameaux et d'écarts, offre plus de 1,400 habitants.

L'agriculture seule fait la richesse du pays. Une mine de plomb sulfuré, accompagné de quelques parcelles d'argent et de quartz, découverte en 1750, et abandonnée, avait été exploitée de nouveau dans ces derniers temps, par la Compagnie des mines de Chessy, puis, par un M. Margaron, et enfin par quelques ouvriers; tous ont dû y renoncer, soit à cause de l'abondance des eaux, soit qu'elle ne fît pas ses frais. Les galeries ont été fermées et on ne peut y entrer aujourd'hui.

Le savant M. Fournet, doyen de la Faculté des sciences de Lyon, l'avait étudiée et en avait fait le

sujet d'un rapport. Il y avait trouvé, disait-il, de la
galène avec plomb carbonaté noir, vitreux ou ter-
reux, des traces de phosphate de plomb avec sul-
fate de baryte et enfin du quartz céroïde opaque.
Les galeries n'avaient pas plus de 65 mètres de
profondeur.

.. Nous avons nommé quelques-uns des châteaux
qui rayonnent autour de Chasselay.

Belle-Scize, qui touche à la ville, au couchant, fief
au siècle dernier. Il appartint à Charles de Grollier, en 1650 ; à Luc de Regnauld, en 1731 ; à
Jeanne de Groslée, sa veuve, en 1741 ; au marquis
Claude-Espérance Regnauld de Belle-Scize, capitaine de dragons au régiment d'Autichamp, asso-
cié de l'Académie de Lyon, prévôt des marchands
de 1773 à 1776, et gouverneur de Pierre-Scize
en 1789 ;

Le Plantin, au midi, sur les premières pentes
du Verdun. Sa position lui donne une vue ravissante. On admire les hautes futaies qui l'entourent,
sa terrasse, les jets-d'eau de son parc, et ses belles
dépendances. Fief et baronnie, on compte parmi
ses maîtres, la grande famille des Polverel ; puis
Claude Thomé, en 1639 ; Masso de la Ferrière,
en 1653 ; Antide de Chasseing, en 1722 ; Antoine
de Chasseing, en 1781 ; Servan de Poleymieux,
comte de Laurencin, en 1789 ; aujourd'hui,
M. Lacombe, qui en a fait une résidence de
goût.

Le Plantin avait succédé aux droits du château
de Chasselay, quand celui-ci avait été détruit.
..Plus haut encore : Mâchy, l'opulente résidence

du comte de Laurencin ; aujourd'hui, à M. Morand
de Jouffrey ;

Au couchant de Mâchy, Montfort, qui n'a plus
que des souvenirs, et enfin, au nord de celui-ci et
au couchant de Chasselay, dans la position la plus
heureuse, Montluzin, le séjour aimé des Romains,
le site qui a vu le grand empereur Auguste, et ses
courtisans hôtes de Licinius, Montluzin qui mérite
le pèlerinage des touristes et qui, naguère, aux
demoiselles Lacour, appartient, aujourd'hui, à une
communauté religieuse.

Tous ces noms, toutes ces résidences indiquent
assez le charme qui règne dans ce pays privilégié.

Chasselay a donné le jour à deux célébrités de
genres divers : au général Mâcon, nommé, en 1806,
sous-gouverneur des Tuileries, et au charcutier
Dodat, qui, sous Louis XVIII, fit construire à
Paris, la galerie vitrée qui porte son nom et, en
mourant, fit don de douze mille francs à sa ville
natale, pour l'éducation des enfants pauvres.

De Chasselay, deux routes conduisent à Limonest, chef-lieu de canton, au midi du Mont-Verdun.

L'ancienne, aujourd'hui livrée aux piétons pres-
sés d'arriver, passe sous les murs du Plantin, monte
le long des rampes du Verdun, suit le dessous des
bois de la Glandé et parvient, de lacets en lacets,
à Limonest ; on compte pour rien le mauvais état
du chemin ; la vue sur la plaine, sur l'Azergue et
sur les coteaux chargés de villages du bas Beaujolais en dédommage amplement.

L'autre plus douce, vraie route de parc anglais

bien entretenue et ombragée de beaux platanes,
monte et s'élève insensiblement à travers la riche
campagne, contourne Montluzin, passe devant la
grande auberge de la Préférence, l'antique château
de Montfort, qui n'est plus château, et parvient à
son but en laissant à gauche les hauts ombrages
de Mâchy, à droite Lissieu, le bois d'Ars et le vallon de Bois-Dieu.

Limonest a douze communes sous sa dépendance ; il est au sommet d'un des plus hauts contreforts de ce riant Mont-d'Or lyonnais, dont nous
essayons de faire connaître la beauté et il n'est
pas un des points les moins remarquables du pays.
Sa fortune est moderne ; il n'a qu'une antiquité
relative ; il ne doit sa richesse qu'à ce roulage actif
qui entraînait jadis tant de marchandises et de
voyageurs de Marseille à Paris, et que le chemin
de fer lui a enlevé.

Au siècle dernier, la paroisse était à Saint-André-du-Coin, sur la route de Saint-Didier. Le commerce et l'industrie se développant avec une
incroyable énergie, on abandonna la vieille route
des cavaliers et des piétons, et on ouvrit une large
voie par Balmont et Champagne. Les voitures, les
diligences, les chariots couvrirent la voie nouvelle ; on établit un relais de poste au bas de
la côte méridionale, au Puy-d'Or, aujourd'hui
modeste résidence de deux dames connues dans les
arts lyonnais. Au sommet de la montée, des auberges, des cafés, des hôtels, de vastes remises
s'installèrent à l'usage du monde nouveau qui fréquentait le pays ; des maisons se construisirent de

chaque côté de cette large avenue route royale, ou nationale, qui devint une rue longue d'un kilomètre, une église s'y éleva, des magasins s'ouvrirent et Limonest fleurit.

Mais avant d'être bourg, paroisse, hameau, écart, le lieu dit n'était pas si désert et si abandonné qu'il n'eût un nom. *Limonadas* est cité, dès 980, dans le Cartulaire d'Ainay; on le retrouve sous le nom de *Limondias*, ce qui fait tomber la légende connue que c'est d'une enseigne représentant un cheval, un *limonier*, qu'il tire son nom, comme s'il n'avait pas eu de nom avant ses auberges. Il est cité à plusieurs reprises dans des actes, des chartes, d'anciens titres sous les noms de *Limonas, Lymonées*; et au XIVᵉ siècle, le pouillé du diocèse de Lyon taxe *l'ecclesia Lymonnes*, à moins de quinze livres. Espérons que l'activité qu'il tirait du passage des *limoniers*, déjà si affaiblie quand la grande ligne ferrée a été ouverte le long de la Saône, entre Lyon et Paris, ne s'éteindra pas tout à fait, quand la nouvelle voie ferrée, qu'il appelle de tous ses vœux, sera construite entre Vaise et Villefranche par Lissieu.

Une station serait établie pour son usage, il est vrai; mais au bas du vallon, à un kilomètre ou deux de distance et il n'aurait plus alors l'unique ressource de l'omnibus de Chasselay, qui aujourd'hui se charge encore de ses voyageurs et de ses commissions.

Par contre, les tailleurs de pierres auraient un débouché pour leur industrie, étouffée dans l'œuf, faute de moyens de transports, malgré la supériorité de la roche, que les gens du pays estiment à l'égal de celle de Villebois.

On fait voir, à l'appui de cette assertion, de larges tables, en terme technique des *plafonds*, avec lesquels on peut couvrir de grandes terrasses ou établir de gigantesques balcons.

Ces carrières précieuses appartiennent à l'étage inférieur de terrains jurassiques, ou lias, qui repose ici sur un granit un peu décomposé. Les couches que l'on exploite sont inclinées de trente degrés environ vers le sud, tandis qu'à Saint-Cyr, et à St-Didier elles sont horizontales. Il y a donc eu ici un soulèvement curieux à étudier. Ces roches contiennent une grande quantité de gryphées arquées, des bélemnites, des peignes et autres coquilles, témoins de ces grandes convulsions dont l'homme ne peut contempler les effets sans stupéfaction et terreur.

En dehors de la pierre, Limonest n'a pas d'industrie. Le roulage du siècle dernier était tout pour lui. S'il y avait une voie ferrée au bas de la montagne, c'est elle qui emmènerait jambages de portes, montants de fenêtres, marches d'escaliers et les chariots qui vont encore à Lyon seraient bien vite dételés et supprimés, au grand étonnement des habitants.

Il ne resterait plus alors à l'intéressant village que son air pur, son paysage ravissant, ses vignes, ses prairies, son agriculture et les quelques avantages attachés au titre de chef-lieu de canton, mais qui sait même si alors les habitations ne quitteraient pas l'église, la justice de paix, le notaire

et la gendarmerie, pour aller se grouper au bas de
la côte, autour de la gare du chemin de fer ?

L'exemple de Saint-André-du-Coin n'est-il pas
là pour apprendre comment les villages naissent et
s'éteignent ?

Limonest avait pour seigneurs, au moyen âge,
les chanoines Comtes de Lyon. A ceux-ci succédèrent Mathieu de Sève, puis la famille de Vaude
et les Vigo. En 1789, il dépendait de la seigneurie
de Saint-André-du-Coin, qui, elle-même, appartenait à M. Quatrefages de la Roquette. Ce territoire offre plusieurs beaux manoirs : celui de la
Barollière, sur les flancs du Verdun; et, au-dessous
du village, Sandar, qui appartint à l'antique famille
de Mont-d'Or si fière d'avoir donné le jour au
paladin Roland, neveu de Charlemagne. Les sires
de Beaujeu le possédèrent et l'occupèrent, séduits
par sa position au milieu de giboyeuses forêts.
Plusieurs grandes familles succédèrent aux Beaujeu et aux Mont-d'Or, mais c'est par erreur que les
historiens ont avancé que Sandar avait appartenu
aux Cardon de Sandrans; la similitude entre les
noms a pu seule donner lieu à cette méprise.

Au siècle dernier, le château de Sandar appartenait à la noble famille de Barancy, dont une fille,
Jeanne de Barancy de Sandar, épousa, en 1780,
M. Barthélemy Soulary, négociant lyonnais. Ce
mariage d'amour, qui n'avait peut-être obtenu ni
l'approbation ni les sympathies du comte de
Barancy et qui se fit dans des conditions assez
romanesques, finit cruellement dans les larmes.
Après avoir donné trois fils au mari de son cœur,

Jeanne, arrêtée et incarcérée comme aristocrate, eût monté infailliblement sur l'échafaud si elle n'eût été enceinte.

Elle accoucha d'une fille dans sa prison et y mourut de maladie et d'effroi. Ses quatre enfants lui survécurent. Un de ses petits-fils est notre cher et illustre poète Joséphin Soulary.

Ce beau manoir, aujourd'hui modernisé, appartient en ce moment à la famille Gonin, de Lyon.

Au-dessous de Sandar, est Ars, entouré d'un bois épais. Les rois de France s'y sont maintes fois arrêtés dans leurs voyages. Son nom revient à plusieurs reprises dans notre histoire.

Citons encore la Sablière, la Barre, et Rocfort; plus une foule de villas plus modestes, assises sur tous les petits mamelons, appendues au flanc de tous les coteaux qui environnent Limonest. A la vue de ces petits vallonets, de ces plis de terrains si frais, si ombreux, si fertiles, nés des derniers soulèvements du Mont-d'Or; en présence de ce vaste paysage borné d'un côté par les montagnes du Lyonnais, de l'autre par le Rhône, la plaine du Dauphiné et les Alpes, on n'est pas surpris de l'empressement des Lyonnais à s'y établir.

Les Romains eux-mêmes avaient admiré ce splendide paysage, mais, en gens pratiques, ils avaient surtout apprécié les sources nombreuses qui jaillissent de toutes parts; ils les avaient captées et conduites à Lyon, à l'aide d'un embranchement qui rejoignait, à Saint-Didier, l'aqueduc venu de Curis, Couzon et Saint-Cyr. Ces deux branches réunies montaient aux Massues et à Saint-Irénée.

Leurs débris font encore un des plus curieux orne-
ments des vallons lyonnais.

L'église de Limonest, construite en 1847, sur les
plans de M. Bernard, a de sérieuses qualités. Elle
a trois nefs; sa flèche élancée se voit au loin. Une
place régulière, carrée, complantée de platanes, la
sépare de la grande route; une terrasse au levant
offre une vue charmante sur le vallon de Roche-
Cardon, St-Didier, Champagne et la ville de Lyon.

La place porte le nom de Turel qui était celui
d'un ancien maire de Limonest.

A côté de la place est la gendarmerie dont la
porte est surmontée d'un bas relief qui ne manque
pas de mérite; il représente un tambour-major en
grand costume, et un maire ceint de son écharpe.
Le maire est M. Turel, lui-même; le tambour-
major est son père, qui fut, paraît-il, un des plus
beaux hommes du département.

Un ancien notaire de Limonest s'était fait une
réputation locale par quelques ouvrages sur l'éducation et un roman : *Pauliska ou la chaumière du
Mont-d'Or*, livre complètement oublié aujourd'hui.
La fin malheureuse de cet écrivain, la cause de sa
catastrophe qui affaiblirait son crime, si un crime
pouvait être excusé, ne nous permettent pas de le
nommer ici.

Du centre de Limonest s'élève, au nord-est, une
rue à pente rapide qui offre de suite, à droite,
la vue d'un joli parc, et un peu plus haut à gauche,
un portail, une vaste cour et une maison forte
du XVIᵉ siècle, avec une tourelle d'un effet singulièrement décoratif.

Cette maison forte est la Forge; avait-elle un autre nom avant le siècle dernier? c'est probable.

C'est à la Forge qu'un inspecteur général des fonderies de canons de France, M. Maritz, fit, vers 1740, un essai qui eut un plein succès, en remplaçant la fonte des canons, anciennement employée, par le forage, seul admis aujourd'hui. Ces premières pièces d'essai furent conservées avec soin à la Barollière et si elles n'ont pas fait la guerre, elles ont souvent tonné dans d'innocentes solennités.

A l'extrémité de la rue, on parvient à [une route qui descend de la montagne. On laisse à] gauche l'hôtel du Mont-d'Or, on tourne brusquement à droite et on commence une montée qui ne doit finir qu'à la cime du Mont-Verdun.

Un joli chemin fort engageant s'offre bientôt, traversant le bas d'un étroit vallon, courant au midi et conduisant à Saint-André-du-Coin, au curieux manoir de la Rousselière dont on visiterait le fier et superbe donjon, à Saint-Fortunat, Saint-Didier et Saint-Cyr, à travers les plus belles campagnes et la plus ravissante contrée. Gardons-nous bien de le prendre; c'est l'image de la vie facile et du plaisir. Le sage vise plus haut. Il tend vers les sommets qui semblent escarpés, rudes et arides, mais qui, en réalité, offrent, après le travail et la peine, la magnifique jouissance du devoir accompli, de la difficulté vaincue, de la force victorieuse et la vue du beau, du grand, du sublime et de l'infini.

Nous suivons donc courageusement notre voie, montant les lacets de la montagne et, à chaque détour, déjà récompensés par la vue immense des Alpes, du cours du Rhône et du bas Lyonnais.

Si le Rhône se voit peu lui-même, on suit son cours lointain par les brouillards et les immenses fumées des usines de Givors qui bornent la vue au pied des derniers contreforts du Mont-Pilat.

Ici, une réflexion pour respirer.

Il y a deux classes de touristes : ceux qui sont gourmets de la vue et ceux qui ne le sont pas.

Ces derniers, les plus nombreux, on peut dire : les plus communs, marchent d'instinct, pour se distraire, faire un exercice utile à leur santé, être hors de chez eux, chose souvent précieuse, faire comme tout le monde, accompagner des amis, étudier la nature ou voir un site qu'on ne peut se dispenser de connaître, comme la Grande-Chartreuse, Chamounix, la perte du Rhône, ou la chute du Rhin.

Ceux-là causent, rient, plaisantent, font de l'esprit et ont, à l'occasion, une exclamation bruyante et sonore. Pour eux : Magnifique ! Charmant ! Superbe ! suffit à tout.

Les autres, les gourmets, se subdivisent en deux types : les originaux et les connaisseurs.

Les originaux gravissent la montagne en fermant les yeux ; vont droit devant eux, ne se laissent distraire ou éblouir par aucun motif et, parvenus au but, se retournent pour contempler dans toute sa violence l'infini du paysage, l'immensité du panorama ; ils en ont une suffocation. C'est un enivrement brutal comme celui du vin ou de la bière ; c'est comme la vue d'une fournaise en sortant d'un lieu obscur.

Pour résister à de pareils ébranlements, il faut avoir des nerfs solidement trempés ou être blasé des pieds aux cheveux.

Les connaisseurs, les artistes en jouissances, les vrais gourmets, quels que soient leurs jarrets ou leurs poumons, s'élèvent graduellement, doucement, petit à petit, sans se hâter. Ils se gardent d'aller vite, si rien ne les presse ; ils éviteront, en premier lieu, un refroidissement ou une courbature en atteignant les plateaux. Ceci n'est peut-être point à dédaigner ; c'est tout simplement de l'hygiène. Quant à l'art, ils s'en montrent amants passionnés en faisant des haltes fréquentes, en se retournant à chaque détour du chemin, en admirant, d'ici de là, les beautés du pays et en contemplant, le plus souvent possible, la plaine qui s'éloigne et s'abaisse graduellement derrière eux. Chaque lacet de la route change le point de vue. Le groupe d'habitations là-bas qui était dans l'ombre d'un nuage est, à l'heure qu'il est, en pleine lumière. La rivière lointaine cachée, il y a un instant, par un brouillard, luit à présent comme un filet d'argent. Le vallon se creuse ou s'efface suivant l'heure du jour. Ce que vous avez pris pour une plaine, pour une surface unie et monotone, est, à présent, sillonné des plus gracieuses ondulations. Vous dégustez goutte à goutte, pour ainsi dire, et en détail pulvérisé la douce joie du touriste, l'admiration profonde de l'artiste, l'enivrement du poète et votre âme n'arrive au paroxysme du bonheur qu'après en avoir traversé toutes les phases, vu tous les cercles, gravi tous les degrés ; après s'être imprégnée à son aise et complétement de toutes les plus rares jouissances de la vie. .

Votre bonheur n'a pas été un coup de foudre, la sensation déchirante d'un instant, d'un clin d'œil ; il a duré de longues heures et il n'en est, à la fin, que plus énergique et plus grand.

A mesure qu'on remonte le vallon de la Barollière, le paysage s'encaisse et se resserre. A droite, au midi, on contemple de grands bois, épais fourré de hêtres et de chênes, sombre et dernier débris des vieilles forêts de la Gaule. A gauche, au nord, on passe au pied de vignes moins pittoresques, moins impressionnantes, mais qui dominent la route et qu'on n'aperçoit qu'à peine. Bientôt, à un détour, on se trouve en face de hautes terrasses qui supportent fièrement un vaste et noble château, calme et grandiose demeure qui n'a rien de commun avec les châtelets, villas, cottages mesquins, agités, tourmentés, à poivrières et à clochetons, qui font les délices des parvenus d'aujourd'hui.

Quatre bonnes tours carrées le flanquent aux quatre angles. Une cinquième tour, plus élevée et plus puissante, se dresse au midi, contre la façade qui regarde la forêt.

L'aspect en est sérieux, presque sévère. C'est une gentilhommière telle qu'en possédaient les vieilles familles d'autrefois. Les constructions apparentes sont du XVIIe siècle ; mais les substructions, les étages inférieurs, les voûtes, les caveaux taillés dans le rocher ont une bien autre antiquité.

Cette langue de terre à l'entrée d'un vallon sauvage, au pied d'une montagne escarpée qui portait à son sommet un campement gaulois considérable, servait d'avant-poste et de sentinelle avancée à la nation belliqueuse dont les guerriers planaient sur les plaines de la Dombes et du Beaujolais, sur les vallons de l'Azergue et de la Brévenne, sur les dernières limites de la Ségusiavie. D'imprenables fortifications s'élevaient sur le Verdun, sur le Thoux, sur le Cindre, mais les peuplades qui les occupaient avaient trop l'habitude et le tact de la guerre pour ne pas couvrir leurs approches et se garder contre une surprise de leurs turbulents ennemis.

Le Verdun, en effet, se trouvait à la jonction des possessions si souvent disputées des Ségusiaves, des Allobroges et des Ambarres. Les Eduens n'étaient pas bien loin et, quant aux Séquanes, qui descendaient jusqu'à la rivière d'Ain, on savait ce qu'on avait à redouter de l'audace, de l'âpreté au gain et de la présomption de leurs guerriers.

Nous reviendrons sur cette question de frontière. En ce moment, nous avons à visiter ce qui fut poste avancé des Gaulois, villa des Romains, manoir de la féodalité et château luxueux de la Renaissance et des temps modernes.

On cite le caractère belliqueux d'un Arnulphe, qui tenait la Barollière, au XIVe siècle. Il n'a pas dû porter grand trouble chez ses voisins, car les archevêques de Lyon avaient trop souci de leurs droits et trop de force en main pour laisser s'émanciper ainsi les châtelains de leurs domaines.

Est-ce de la famille de Barral que le château a

pris le nom de Barollière ? Est-ce d'un péage ? d'une *barre* ? comme on disait alors. Tout est possible. A la dernière marquise de Barral, succéda, au XVIIIe siècle, M. Maritz, l'inspecteur général des fonderies de canons de France.

« Jean Maritz père, dit un singulier mémoire inédit, écrit pendant la Révolution, à propos d'un procès intenté par Claude-Joseph du Peloux, ancien militaire, et dame Maritz, son épouse, contre un notaire de Lyon, fut l'heureux inventeur de l'art de forer les canons. Depuis ce moment, la fortune ne cessa de le combler. Il obtint l'inspection générale de toutes les fonderies de France, un grade supérieur dans le corps du génie, des gratifications, des pensions, et un traitement considérable.

« Il était marié à dame Judith Déonna et en eut trois enfants.

« Son fils épousa Mlle Françoise-Sibylle Milanois; ses deux filles s'unirent l'une à M. Louis Baudart, chevalier de l'ordre de Saint-Louis, l'autre à M. Béranger.

« Quant à lui, noble Jean Maritz, chevalier de l'ordre du roi, inspecteur général des fontes de l'artillerie de terre et de mer, seigneur de la Barollière, la Rigaudière et autres lieux, il mourut à la Barollière, le 12 mai 1790, à l'âge d'environ soixante-et-dix-neuf ans, laissant une fortune évaluée à quatorze cent mille francs.

« Cette opulente fortune fut partagée entre les héritiers, le 13 avril 1792. La veuve eut pour sa part trois ou quatre cent mille francs, parmi lesquels la Barollière fut estimée deux cent dix mille.

« La dame Maritz avait confié ses biens à un notaire de notre ville qui avait déclaré aussitôt *qu'il en faisait son affaire.*

« Elle mourut à la Rigaudière, le 9 germinal, an IV. »

Comme il arrive trop souvent, c'est le manuscrit qui le dit « quand les héritiers réclamèrent la succession, *elle avait disparu, sans qu'on ait pu en retrouver aucune trace.* »

Nous devons à M. Dupoizat, bibliophile lyonnais, connaissance et communication de ces documents aussi curieux qu'instructifs et nous l'en remercions avec expansion.

Il y a toujours à prendre et à savoir pour la conduite de la vie dans l'étude des vieux papiers.

Heureux qui ne connaît que par les vieux papiers les dangers que peuvent courir les fortunes les mieux assises, quand les gens d'affaires s'en approchent !

Jean Maritz, trouvons-nous ailleurs, était né à Berne, en 1711; il avait quitté jeune son pays, parcouru la Hollande, l'Allemagne et s'était enfin fixé en France, où il avait obtenu des lettres de naturalisation. Il était jeune encore, lorsqu'il obtint la direction de la fonderie de canons de Lyon. Son invention lui valut, en 1744, une pension de 2,000 fr. et, en 1768, une autre de 12,000. Entre ces deux époques, il avait dirigé la fonderie de canons de Strasbourg, puis celle de Douay, avait été nommé inspecteur général des fontes de l'artillerie de terre et de mer et, en 1758, avait reçu

des lettres de noblesse et le cordon de Saint-
Michel.

Sa vaste réputation s'était répandue dans toute
l'Europe. Il obtint d'aller en Espagne organiser les
grandes fonderies de Séville et de Barcelone, revint en France, reçut le grade brillant de maréchal de camp, et, en 1766, refusa les offres de
Catherine II qui voulait l'attirer en Russie. Aux
délices de la Néva, Maritz préféra la Seine et la
Barollière. C'était montrer du tact et du jugement.

En 1793, la Barollière servit de quartier général
à Châteauneuf-Randon, un des représentants du
peuple qui assiégeaient Lyon. Elle appartenait
alors à une dame Vauvilliers, veuve d'un ancien
trésorier de France qui avait succédé aux Maritz.

En 1814, elle fut habitée par le général Auge-
reau; en 1831, le duc d'Orléans et le maréchal
Soult s'y installèrent et y passèrent trois jours avec
leur état-major, avant d'aller occuper Rillieux et
Sathonay, d'où ils descendirent à Lyon, après la
fatale insurrection de nos pauvres et malheureux
ouvriers.

Le château appartenait alors à M. Baboin qui,
à son nom, ajouta celui de la Barollière. Un héritage l'a donné à un riche Lyonnais, M. Gaillard,
qui, à cette austère et magnifique demeure, pré-
fère son confortable château de Saint-Genis-Laval,
plus riant, plus moderne, plus à la portée de la
ville et de la société. La Barollière est donc souvent inhabitée, au grand préjudice de son entre-
tien, de son élégance et de sa beauté.

CHÂTEAU DE LA BAROLLIÈRE (Limonest)

Une belle avenue conduit au portail du vieux château. A gauche, au pied de la montagne, s'étendent les vastes bâtiments d'exploitation. A droite, une haute entrée s'ouvre sur la terrasse qui fait le tour du manoir. Un escalier de quelques marches vous conduit à un second portail et vous entrez dans une cour dallée du plus pittoresque effet. .

Un cloître aux voûtes élevées entoure cette cour de deux côtés et conduit à la salle des gardes, aujourd'hui occupée par un billard. On admire, en passant, le puits couvert, à la margelle élégante et à la couverture cintrée, qui alimente le château. A l'extrémité de la salle des gardes, on aperçoit une fenêtre donnant de plain-pied sur un beau balcon et on ne peut s'empêcher d'y courir. .

La vue produit un ravissement. A droite et à gauche, le vallon s'élargit et la vue plonge au loin sur tout cet ensemble de villages, de hameaux, d'écarts, de châteaux, de villas, de coteaux riants, de plis de terrains, de douces ondulations qui va des montagnes du Lyonnais aux groupes élevés du Mont-Pilat et aux plaines immenses du Dauphiné. L'œil interdit se promène sur les clochers de Dardilly, de la Tour-de-Salvagny, de vingt autres, sur les bois de Charbonnières, les coteaux de Taluyers, de Charly, de Millery ; on cherche les nids de verdure où se cachent l'Arbresle, Izeron, Thurins, Mornant, Brignais ; on devine les positions, les sites aimés, les vallons qu'on a parcourus dans l'enfance ou la jeunesse et on se prend à rêver du présent, du passé et, quelquefois aussi, de l'avenir ! Quel Lyonnais n'a laissé un peu de son cœur dans ce paradis magique, dans cette Tempé ravissante qui se déroule ainsi au loin sous les yeux?

A droite de la salle des gardes est un vaste salon d'honneur, qui a vu passer bien des renommées, bon nombre de célébrités. A gauche, une vaste salle à coucher, comme nos aïeux les aimaient. A son réveil, le seigneur voyait les courtisans respectueux et attentifs. Il leur souriait, leur distribuait les honneurs et les grâces. Il s'habillait et décidait de l'emploi de la longue journée qui allait s'ouvrir devant lui.

Les meubles n'ont pas été changés depuis le siècle dernier. Les carreaux non cirés n'ont pas encore été remplacés par des parquets. Partout on reconnaît l'ampleur, la solennité et le manque de confortable de nos pères.

Un escalier à rampe de fer forgé, d'un joli dessin, conduit à l'étage supérieur. Là, même vie grandiose, même apparât, mêmes indices d'une vie rude et sévère. On a respecté les vastes pièces et le vieux mobilier. Au second étage seulement, on retrouve le confort de la vie moderne, mais là sont les chambres de la famille et le public n'y est pas admis.

Les caves immenses sont à visiter. Les caveaux, les souterrains taillés dans le roc méritent qu'on y descende. Là on voit à quelle haute antiquité remonte la naissance du manoir.

On ne peut quitter la Barollière sans avoir vu la pièce la plus importante, la vaste cuisine pleine autrefois de valets, de maîtres-queux et de marmitons. L'immense cheminée reçoit encore aujourd'hui des troncs entiers de chênes et de fayards. Un bœuf y rôtirait avec facilité, comme jadis, et le puissant tournebroche, scellé dans la muraille, vieux monument qui rappelle la gloire des jours passés, le ferait encore mouvoir sans efforts. Aux voûtes, de nombreux crochets de fer attendent, mais ne reçoivent plus les cerfs et les sangliers, qu'apportaient jadis les veneurs, ornement culinaire prisé de nos ancêtres, viande digne de leurs robustes appétits.

Hélas! nous n'avons plus l'estomac de nos pères !

Mais quoique devenus inutiles, les vieux crocs existent toujours et ils en disent autant qu'un livre sur la vie intime de nos bons aïeux.

A la sortie de la Barollière on entre dans un autre pli de terrain étroit et sauvage que le génie militaire a orné d'un chemin à lacets ; ce qui n'exclut point une gentille coursière qui conduit plus rapidement vers les hauteurs. On passe au pied d'une carrière qui ne donne pas de la gaîté au paysage et bientôt, à droite, au sommet du Verdun, dans un pli étroit qu'on dirait creusé à cette intention, apparaît, comme un nid d'aigle, une habitation rustique, moitié ferme, moitié chalet ; c'est le logis du gardien protecteur de ces lieux. On se demande avec terreur comment on va parvenir jusque là ! et on poursuit son ascension.

Plus haut que la carrière et du même côté, sur un replat du rocher, se dresse un fortin, une batterie destinée à balayer les approches de la montagne et à nettoyer la plaine où s'étalent Chasselay,

Marcilly, Civrieux, Lissieu, Dommartin et ces coteaux sur lesquels brillent au soleil du midi Chazay, Morancé, Anse et la Chassagne aux vignobles renommés.

On sait qu'en 1870, lors de notre guerre fatale, c'est à Villefranche que devait s'établir l'état major prussien, au centre de ces contrées vinicoles dont les hulans savaient si bien apprécier les produits.

En s'élevant au-dessus de la batterie, comme à un lever de rideau, on ne peut retenir un cri d'admiration à la vue de la Saône, de la Dombes, du Dauphiné, des Alpes et des montagnes du Morvan et du Beaujolais.

Mais on s'éloigne, on se hâte, on s'acharne, on s'escrime contre la montagne; si c'est beau d'être ici, que sera-ce là haut ?

Un coq nous salue de son cri guerrier, un chien aboie; nous touchons au but.

Nous y voici. Rien n'est simple et rustique, rien ne donne le frisson comme cette demeure aérienne suspendue sur l'abîme, exposée en plein vent du nord, assaillie nuit et jour par la tempête, froide en été, glaciale en hiver. Des êtres humains peuvent-ils l'habiter ? Nous y voyons un vieux et loyal militaire, un officier, sans doute, à la figure ouverte et franche, décoré. Il est là, en exil, avec sa famille, tout à sa consigne et à son devoir. Des panoplies lui rappellent les guerres de sa jeunesse; un petit jardinet où de rares légumes peuvent pousser, et quelques poules qui picorent dans les broussailles, voilà sa richesse. Peu de laboureurs voudraient s'en contenter. Que fait ce groupe abandonné, plus isolé que Robinson dans son île, quand la montagne est couverte de neige et que l'ouragan balaie les feuilles comme un fétu ?

Le vaillant soldat nous conduit au fort. Douze hommes l'habitent, commandés par un officier. Ils sont changés tous les huit jours. La position est formidable, les travaux sont immenses. Une fontaine extérieure et de vastes citernes servent à l'alimentation de la place. De nombreuses pièces de canon à longue portée menacent tous les points de l'horizon. A quinze kilomètres, un envahisseur serait frappé par ces énormes boulets coniques d'un effet si désastreux. Les feux du Verdun se croisent avec ceux de Dardilly, de Francheville, de la Duchère, de Montessuy, de Vancia. De ce côté, Lyon est bien gardé.

Au centre des fortifications est l'observatoire dont les remarques précieuses sont communiquées aussitôt à tout le monde savant. Climatologie, hygrométrie, thermométrie, anémométrie, sont étudiées avec le soin le plus vigilant, ou plutôt ces sciences sont livrées à elles-mêmes ; l'homme a remplacé l'attention, la vue, l'observation, le calcul par des machines, des instruments chargés de la fonction délicate d'écrire eux-mêmes, sur de longues bandes de papier, tous les changements, toutes les variations de l'atmosphère étudiée sous tous ses rapports de chaleur, de lumière, d'humidité, de ventilation, d'électricité. L'homme n'a, le soir, qu'à traduire en langue vulgaire les signes que les météores ont tracés eux-mêmes en passant sur le mont.

Il n'y a pas d'erreur possible ; l'homme n'y est pour rien.

Science vaste, infinie, insondable, où te mène l'homme qui te connaît ?

On sort de l'Observatoire absorbé, enivré, anéanti ; puis le soleil vous rappelle à l'existence terrestre, le grand air ranime vos esprits et, d'un pied léger, vous courez à la plateforme des batteries pour vous rassasier d'un autre spectacle et d'autres pensées.

Nous avons vu, du sommet de la Superga, le Piémont tout entier, Turin, le Pô, la Doria, les collines du Montferrat, jusqu'aux Apennins et l'incomparable chaîne des Alpes italiennes terminant la plaine comme un immense éventail brodé de glaciers en guise de diamants et prêt à être saisi de la main ; du haut de la cathédrale de Milan, nous avons dominé les ravissantes campagnes de la Lombardie jusqu'aux Alpes suisses, jusqu'aux lacs italiens, d'une si enivrante beauté ; ces sites célèbres sont classiques, connus, visités, décrits ; eh ! bien ! la vue du Mont-Verdun soutient la comparaison, sans perte et sans infériorité. Nous avons déjà raconté ce panorama des campagnes lyonnaises arrosées par la Saône et le Rhône ; la Dombes, le Beaujolais, le Dauphiné, vus du Mont-Cindre, de Poleymieux, de Colonges ou de Limonest ; rien n'égale ce qu'on aperçoit des batteries du Verdun ; rien n'approche de cette scène bornée par les Alpes et les Cévennes et au milieu de laquelle nous distinguons Bourg et Mâcon, Givors et la coupure de Grenoble, Crémieux et Bourgoin, Villefranche, Trévoux, Neuville, et la grande cité lyonnaise couchée à vos pieds, entre ses deux fleuves, au milieu d'un réseau infini de routes et de chemins de fer.

A côté d'ici, d'un pic que nous touchons, du mont de la Garenne, nous avons reconstitué le tableau préhistorique des glaciers venant du levant et du couchant et se heurtant, immobiles, sans se vaincre et sans se dominer, le long des flancs du Mont-d'Or ; nous évoquerons d'ici un autre spectacle moins grandiose mais qui n'est pas non plus dénué d'émotion.

Nous avons dit que, de temps immémorial, des tribus sauvages avaient occupé les sommets et les flancs du Mont-Cindre, du Monthoux et du Verdun. Quand l'histoire naquit, elle donna des noms à ces peuplades tous les jours plus nombreuses et plus civilisées. Elle nous montra les Ségusiaves maîtres du Forez et du Lyonnais ; les Ambarres couvrant le Beaujolais, la Dombes et la Bresse, jusqu'au Revermont ; les Allobroges occupant la Savoie, une partie du Dauphiné et maîtres des deux rives du Rhône, de Belley à Lyon ; enfin les Séquanes descendant du Jura jusqu'à la rivière d'Ain et partageant le Bugey avec les Allobroges et les Helvètes. Mais quelles étaient les frontières de ces peuples divers ?

On dit que les possessions du peuple Ambarre étaient bornées au levant et au midi par trois villes : Ambérieu en Bugey, Ambérieux en Dombes et Ambérieux en Lyonnais. Rien à dire des premiers ; mais ce dernier, tout à fait au pied du Verdun, sur la rive droite de l'Azergue, aurait été

enclavé, fondu, au milieu des possessions des Ségusiaves sur le territoire desquels Lyon était bâti. Les
Ségusiaves n'étaient-ils pas assez puissants pour
repousser cette usurpation, cette insulte ? cette assertion n'est pas probable. Dira-t-on que Lyon et le
Mont-d'Or faisaient partie eux-mêmes du territoire
des Ambarres ? L'histoire déclare le contraire et
Pline le dit positivement : « *Secusiavi liberi, in
quorum agro colonia Lugdunum* (1) » Lyon était
sur le territoire des Ségusiaves et si une frontière
se trace par une montagne ou un cours d'eau, il faut
bien avouer que rien absolument de pareil n'existe
entre Ambérieux et Saint-Germain.

Et cependant, nouvel inconvénient, pourquoi
cet Ambérieux, séparé du Beaujolais par l'Azergue,
est-il du canton d'Anse, possession Ambarre ?

Cette anomalie a-t-elle existé de tout temps ?

Quelques écrivains en ont déduit, en dépit de
Pline et des autres, que Lyon appartenait *primitivement* aux Ambarres. Les savants d'aujourd'hui
pourraient-ils se mettre d'accord sur ce point ?

Leur embarras serait plus grand encore si l'opi-
nion qui ne fait descendre les Ambarre que
jusqu'au nord de l'Ardière, en leur donnant le
Charolais, le Mâconnais, et la Bresse, avait prévalu.
Heureusement pour la science historique déjà si
troublée, que cette rêverie d'un chroniqueur isolé
est tombée d'elle-même avec le livre et son auteur.

Quel que soit le ravissement qu'on éprouve à
s'oublier devant un des plus sublimes spectacles

---

(1) *Hist. nat.* liv. IV, chap. XXXII

dont il soit donné à l'homme de saturer ses yeux et son esprit, vient un moment où on doit s'en arracher et, d'ailleurs, nos enchantements ne sont pas finis.

La crête du Verdun est mince, étroite, coupante ; il a fallu l'émousser, la niveler pour y bâtir une forteresse ; mais à peine, à droite ou à gauche, trouverait-on assez d'espace horizontal pour y construire une maison...

En sortant du fort dominant l'abîme au nord, on se trouve de suite, au midi, sur l'autre pente de la vallée.

Le sol ne laisse croître ici qu'une herbe courte, fine mais savoureuse ; les pâturages communaux en sont estimés. C'est la Suisse de l'Oberland et de l'Emmenthal. Au pied du fort, une source, qui sert aux soldats, peut abreuver les troupeaux. De belles routes dues au génie militaire sillonnent la montagne dans toutes les directions.

Au nord-est, la vallée s'incline vers Poleymieux dont on aperçoit les premières habitations, le hameau des Gambins, la maison d'Ampère, au loin l'église qu'on domine de si haut qu'on la croirait en plaine, le vieux château, la vieille église et le bois de la Garenne qui abrite ce côté du Verdun.

A l'est se dresse le Monthoux dont la cime escarpée surmontée d'une croix et d'un fortin, domine le Narcel, la Roche, et le gros bourg de Saint-Didier, tandis que sa croupe allongée descend rapidement vers la Saône, séparant les deux profondes vallées de Poleymieux-Curis et de Couzon-Saint-Romain.

Pour atteindre ce sommet, on suit le chemin qui

descend au sud-ouest, longe les bois de la Glande
et de la Barollière et vous amène au col ou passage
qui fait communiquer Saint-Fortunat et Saint-Didier avec Poleymieux et Curis.

S'il est facile de suivre les quatre ou cinq chemins
qui se croisent dans ce passage, il est un peu plus
ardu de gravir le sentier à chèvres qui doit vous
conduire directement à votre but.

On passe devant un de ces refuges en pierres
plates et sèches, construits en voûte à la façon
gauloise, qui offrent une si précieuse hospitalité,
en cas d'orage, aux touristes, aux bergers et aux
agriculteurs et qui sont si communs dans le Mont-
d'Or. On atteint une maison incendiée et abandonnée, qu'un beau groupe d'arbres ne peut protéger
contre les assauts du vent du nord; à deux pas plus
haut, on peut se désaltérer à une jolie source, claire
et pure, uniquement fréquentée par les troupeaux.

On donne encore un coup de collier et on est
au sommet du Monthoux, nœud central de la région
du Mont-d'Or.

Une batterie le surmonte ; une modeste barrière
de bois entoure cette fortification et la protège
contre les attaques des bergers et des troupeaux.
Une ouverture qui n'est jamais close permet de
pénétrer dans l'intérieur des bastions. Un réduit,
entouré d'un fossé profond, et dont le pont-levis
est soigneusement levé, sert de retraite à un soldat
qui vous regarde mélancoliquement par la fenêtre et
on songe alors involontairement à la forteresse qui
jadis protégeait Marseille :

> « C'est Notre-Dame-de-la-Garde,
> Gouvernement commode et beau, ·
> A qui suffit, pour toute garde,
> Un Suisse, avec sa hallebarde,
> Peint sur la porte du château. »

Comme la garnison de Marseille, celle-ci suffit pour empêcher des malfaiteurs français ou allemands, d'enlever les pièces à longue portée qui arment cette batterie. A un signal de détresse, du Mont-Verdun, où ils sont douze hommes, la force armée se précipiterait pour s'opposer à l'enlèvement de l'artillerie et arrêterait canons et voleurs, pièces volantes, pièces volées et audacieux déprédateurs.

De la barbette la plus haute, s'élève une croix de bois, qui est vue de tout le Lyonnais. Tout le groupe du Mont-d'Or la vénère comme une protection sur le pays et on a su gré à l'autorité militaire de l'avoir laissée sur son robuste piédestal.

Le sol qui environne le fortin est aride ; mais de quelle vue on jouit de cet observatoire immense ! De quel gigantesque panorama on est entouré et de quelle admiration le touriste peut tressaillir, même en descendant du Mont-Verdun !

Toute la contrée était jadis boisée ; aujourd'hui, la hache a ravagé bois et forêts. Des pâturages, de maigres terres de labour ont remplacé les hautes futaies, ornement et protection de la Gaule. Il faut descendre jusqu'au pied de la montagne pour retrouver les belles prairies, les riches cultures, les habitations aisées et la fertilité hors ligne du Mont-d'Or.

De quel côté promener ses regards, quand rien ne les arrête autour de soi ?

La croupe allongée du Monthoux descend, par une pente douce, jusqu'à la Saône, en offrant d'un côté la vallée de Poleymieux, de l'autre les bois, les vignobles et l'étroit vallon de Saint-Romain. Là-bas, on pourrait presque dire dans la plaine, on aperçoit le Mont-Cindre, avec son fortin qui bat la rivière, avec son ermitage, Saint-Cyr à ses pieds, Saint-Didier, et les coupures de terrain qui conduisent à Lyon. Au midi et au couchant on revoit, comme du Verdun, le bas Lyonnais, si fertile, si opulent, jardin de la France, Eden enchanté que borne le Rhône et que limitent les ravissantes montagnes de Mornant et d'Izeron. Comme du Verdun, mais sous un autre aspect, on contemple les Alpes et les Cévennes, le Dauphiné, la Bresse, le Bugey, la Savoie, et la ville de Lyon qui descendue aujourd'hui, de ses deux collines, la gauloise et la romaine, étouffant dans sa presqu'île, s'enfuit dans toutes les directions sans que le touriste puisse dire où elle finit, où elle commence.

Pourquoi ne vient-on pas au Monthoux comme on va au Righi ?

Hélas ! on n'y trouve pas le confortable de la Suisse et de l'Italie. Les Lyonnais seuls font cette splendide ascension, mais il faut redescendre bien bas pour trouver un repas confortable. Si l'hôtel Villard, par exemple, le restaurant de Chasselay si connu des touristes, avait sur les flancs de notre pittoresque montagne, une succursale ouverte six mois de l'année, les équipages sillonneraient la

contrée et c'est de loin qu'on viendrait admirer le
cirque merveilleux au milieu duquel nous nous
trouvons.

Et ce n'est pas seulement l'artiste et le touriste
qui accourraient ici.

Le géologue étudierait ces massifs de gneiss
lancés hors du sein de la terre par les premières
convulsions du globe, engloutis, submergés par les
océans primitifs, couverts de débris et remis au
our par des secousses dont nous voyons les effets
sans pouvoir en préciser les causes ni les dates
lointaines.

Les échantillons de sel gemme rappelleraient ces
mers sans rivages sous lesquelles le Mont-d'Or fut
si longtemps submergé ; les dents de poissons, les
coquillages, les pétrifications marines, témoins de
ces cataclysmes, enrichiraient les vitrines des col-
lectionneurs.

Le zoologiste chercherait ces débris d'animaux
antédiluviens qu'on découvre avec tant d'abondance dans tous les plis du massif. Il trouverait
des ossements de rhinocéros, comme à Roche-Cardon et à Saint-Germain ; de mastodontes ou d'éléphants et de grands cerfs, comme à Saint-Cyr, à
Saint-Didier et à Poleymieux ; d'hyènes, de loups
et d'ours des cavernes, comme à Saint-Fortunat, ce
réceptacle de la faune et de la flore antiques, ce
magasin inépuisable de curiosités préhistoriques
dont la richesse confond l'esprit.

L'entomologiste, le botaniste plus modestes,
feraient aussi ample moisson ; mais à quelles études l'anthropologiste ne pourrait-il pas se livrer ?

Tout rappelle au Monthoux l'existence primitive de l'homme. Des cavernes non explorées ont reçu nos aïeux, alors qu'à peine vêtus, mal armés, ils disputaient leur malheureuse vie aux animaux féroces ou sauvages qui les assiégeaient.

De tous côtés, des stations celtiques nous amènent à une époque moins reculée et nous initient à un commencement, bien faible encore, de civilisation.

L'homme avait le feu, la flèche, la hache ; il se groupait pour se défendre, et s'entourait de grossières fortifications. Il avait bientôt le chien, des troupeaux ; il devenait propriétaire, guerrier et chasseur. Sa vie était moins périlleuse et plus douce. La tribu lui donnait la force et la sécurité.

Voilà que la morale des sages se répand au loin et pénètre dans les solitudes les plus profondes. La doctrine des druides lui apprend qu'un Dieu a créé l'univers et que l'âme est immortelle. Les hardis pionniers de l'Asie-Mineure lui apportent le fer et le bronze, les armes façonnées et les étoffes ; les échanges s'établissent et la tribu devient nation.

Le peuple qui couvrait le Monthoux était inexpugnable dans sa retraite. Des postes d'éclaireurs se dressaient sur le Cindre, le Narcel, le Py et à l'entrée de chaque vallon. Le Monthoux était le refuge suprême des femmes et des enfants, l'habitation des chefs, l'affût de la sentinelle vigilante surveillant l'ennemi, à quelque point de l'horizon qu'il se montrât. Qui nous dit que la croix du Monthoux ne s'élève pas sur la partie sacrée de la montagne, sur le sommet réservé où le grand Être, le Créateur souverain était adoré, où les talismans étaient conservés, où le barde enseignait, où la vierge prédisait l'avenir ? Au bas du Verdun, à Quincieux, sur les bords de la Saône, un menhir existe encore, mais qui nous affirmera qu'il était seul de son espèce sur l'îlot sacré que nous explorons ?

Nous disons : îlot sacré, parce que nous croyons que le groupe si caractéristique du Mont-d'Or a joué un rôle particulier dans la vie de nos pères, et que les croyances populaires, les superstitions encore ancrées dans l'esprit des habitants, ont une origine puisée dans un enseignement venu de haut et de loin.

Qui nous dira ? qui voudrait nous dire le folk-lore de cette terre si profondément craquelée ? Qui nous décrira la vie et les mœurs de tous ces esprits de l'air et de l'eau, de la terre et du feu qui hantent ici les fontaines, les rochers, les bois et les carrefours ? Quel homme assez audacieux ira demander l'initiation aux vieillards des fermes isolées, autrefois acteurs eux-mêmes de drames terribles, aujourd'hui conservateurs fidèles des vieilles idées, des vieilles croyances, des vieilles mœurs ? Espérons qu'un jour quelque Macpherson ou quelque Walter Scott lyonnais nous révèlera les mystères de ces vallées et nous ouvrira ce monde inconnu, prêt à disparaître peut-être, mais qui vit encore énergique et puissant, à côté et si près de l'imprimerie, de la vapeur et de l'électricité !

Pour nous, crédule et superstitieux comme un montagnard, illuminé comme un bonze, visionnaire au besoin, nous regardons le Monthoux comme le Thabor, le mont de Sion de notre cité, et nous entourons la croix qui le domine d'une vénération surnaturelle, la regardant non seulement comme un labarum catholique et chrétien, mais comme rappelant à nos esprits tout un monde oublié de croyances, de pensées et de vieux souvenirs.

Le Suisse, citoyen libre, qui, du haut de ses pâturages, contemple les belles vallées de son pays, sent bouillonner son sang de patriotisme et d'orgueil. A la pensée fatale qu'un envahisseur pourrait souiller, un jour, son village et planter un drapeau étranger sur la vieille maison municipale, il pâlit, et de ses lèvres tremblantes n'hésite pas à prononcer le serment sacré du Grütli.

Non moins patriote et non moins guerrier, le Lyonnais qui promène ses regards sur les rives de l'Azergue et de la Saône, ne peut retenir un cri de haine et de vengeance à la pensée de la France mutilée, de la patrie frappée d'incompréhensibles revers et au souvenir de l'ennemi héréditaire, marchant, il y a si peu d'années, si peu de jours, sur la cité clé du Midi.

C'est là, sous nos yeux, à Anse, à Villefranche, que l'état-major envahisseur devait s'établir ; c'est de là bas, de ces points que nous voyons, de Sathonay, de Craponne, de Chaponost qu'on devait bombarder la ville notre mère, et nous n'avions ni chefs ni soldats pour nous protéger et nous couvrir.

Aujourd'hui, les temps sont changés ; une ceinture de fer nous environne ; le pays est prêt à la lutte, et les feux du Monthoux et du Verdun se hâteraient de répondre à tous les mortiers, à tous les Krupps qui viendraient nous apporter la honte et la dévastation.

Mais le jour de l'insulte est loin encore, et l'aigle à deux têtes n'a pas l'aile assez puissante pour venir tournoyer autour du mont protecteur qui domine le vieux Lyon.

Plusieurs routes s'ouvrent à nous pour redescendre à Lyon, toutes séduisantes : par Saint-Fortunat, Saint-Didier et Vaise, nous reverrions les vastes et riches carrières de Saint-Fortunat, sa longue rue pentueuse et son église au joli portail ; par Saint-Cyr et Saint-Rambert, ou par le vallon des Arches : ou par les bois de Saint-Romain, ou par la vallée de Poleymieux et Curis ; de tous côtés, un réseau de belles routes et de beaux paysages nous invite et nous convie. Mais par le nord, le levant ou le midi, nous rentrerions à la ville et nos courses seraient finies, déjà finies ! Qui nous presse ? qui nous rappelle ? il nous reste un coin délicieux du Mont-d'Or à visiter, le couchant. La tentation est trop forte ; n'y résistons pas, et descendons à Limonest.

Nous pourrions revenir sur nos pas, gravir à moitié le Verdun et prendre les poétiques sentiers qui sillonnent le bois de la Barollière ; ils sont connus des peintres, des rêveurs et des amoureux, à en juger par les chiffres et les devises gravées sur l'écorce des hêtres, comme au temps de l'Arcadie ou du Lignon. Prosaïquement, nous

éviterons la montée du bois des pins et, prenant
le chemin de grande communication de la Tour à
Neuville, nous reviendrons, sans peine et sans
fatigue, à Limonest par la Croix de Perrache, station celtique, le château Poivre, et le territoire de
Saint-André-du-Coin.

C'est par ce chemin, qu'en 1793, les troupes
républicaines campées à Saint-Didier et à Limonest, surprirent les débris de l'armée de Précy qui
se retirait par le vallon de Poleymieux, lui firent
subir des pertes sanglantes et la rejetèrent en
désordre sur Chasselay, Chazay, les bois d'Alix et
Saint-Romain-de-Popey, où elle fut achevée par
les paysans.

Oubliant nos malheureuses guerres civiles, nous
contemplons, en descendant, tout un enchevêtrement de vallons en miniature, de petits plis de
terrains frais, ombragés, cultivés, riants et un
monde infini de fermes bien bâties, d'habitations
de cultivateurs annonçant l'aisance, de cottages, de
villas et de gros châteaux de l'effet le plus gracieux.
Nous revoyons la Barollière et son vallon, nous
traversons une combe, naissance du vallon de
Roche-Cardon, tête de l'ancien aqueduc des Romains, et nous sommes sur la grande route qui au
midi descend vers Lyon, belle avenue bien ombragée qui, au nord, nous ramène aux premières
maisons de Limonest.

Le bourg franchi, on descend par une splendide
allée, ombragée de beaux platanes, plus digne de
servir d'avenue à un parc royal qu'à faire l'humble
service des pataches et des voituriers.

Le pittoresque abonde, et les souvenirs aussi. A droite, on a les grands bois de la Glande, couvrant les pentes du Mont-Verdun, à gauche, le célèbre bois d'Ars, si redouté de nos pères et théâtre, au siècle passé, de tant de crimes, de vols et d'assassinats.

Passer par le bois d'Ars était pour les Lyonnais ce qu'était pour les Parisiens traverser la forêt de Bondy ; c'était braver le plus imminent danger.

Il nous souvient d'avoir entendu parler, dans notre enfance, d'un bandit, l'assassin-voleur Péqua, qui avait payé de sa tête ses nombreux méfaits, longtemps avant que les chauffeurs n'eussent jeté la terreur dans le Lyonnais. Il n'était pas un chef, mais il avait une telle popularité qu'on donnait son nom aux chiens de chasse et de garde, comme on faisait pour Freyschutz, Cartouche ou Mandrin.

La grande route ombragée descend les dernières pentes du Verdun et offre, à chaque lacet, un nouveau et riant paysage. Bientôt, à droite, on aperçoit, au milieu d'un épais rideau de verdure, le château de Mâchy, demeure élégante de M. Morand de Jouffrey. Mâchy rappelle le souvenir d'un magistrat et d'un écrivain.

A gauche, sur la route elle-même, s'étend un gros et lourd bâtiment, naguère auberge, aujourd'hui habité par un maréchal-ferrant, un épicier et quelques agriculteurs. Des fresques sur la façade, à la mode italienne, représentent des chaises de poste courant au grand galop, des courriers, des voitures, des voyageurs. Un singulier cachet de naïveté les distingue. Cette auberge abandonnée,

cette vaste et triste construction cubique, à l'aspect
monacal, fut jadis le château de Montfort, fief
acquis au XVIII° siècle, par un riche et célèbre par-
venu, M. Tolozan de Montfort, venu en sabots à
Lyon et mort un des plus opulents négociants de
la ville. Son fils, Louis Tolozan de Montfort, né
à Lyon, le 29 juin 1726, fut le dernier des prévôts
des marchands de Lyon, et mourut à Oullins, le
10 décembre 1811. Deux des plus belles maisons
de Lyon portent le nom de cette famille.

A quelques pas au-dessous de Montfort, on
prend un petit chemin vicinal à gauche; on descend au bas d'un vallon et, après une douce courbe
à droite, on aperçoit bien vite le clocher élancé,
l'église, les tours féodales et le petit village de
Lissieu.

On est au fond d'une vallée traversée par la
nouvelle route qui, de Lyon allant à Villefranche
et à Paris, passe au-dessous de Limonest. Cet
embranchement évite la montée et donne un peu
de vie au village agricole dont il facilite les travaux, en attendant qu'un chemin de fer vivement
espéré lui amène le commerce et l'industrie qui
lui font complètement défaut.

Comme tous les villages du Mont-d'Or, Lissieu
est composé de plusieurs hameaux disséminés dans
les vallons les plus riches et les plus fertiles, habités de temps immémorial et offrant des ruines et
des débris qui rappellent incontestablement le
séjour des Romains. Ici nous avons le Bourg qui
possède l'église et la mairie, la Clostre, Montfort,
Plambeau et le Bois-Dieu; puis une foule d'écarts

ou de lieux-dits habités par une riche et belle population. Ménestrier nous assure que Lissieu tire son nom de Licius, un grand de Rome. Nous admettons cette origine faute de mieux.

La Clostre, un peu plus haut, a des titres moins anciens mais moins contestables. Au X³ siècle, il y avait dans ce hameau, appelé alors Burciacus, le petit Bourg, une chapelle qui fut donnée à l'abbaye d'Ainay, avec un fort tènement de terrain, par un nommé Guy et ses enfants, dont l'un appartenait au clergé de Saint-Nizier. La charte intitulée : *Carta Vuidonis de Ecclesia de Burciaco*, cite la Presle, le Fresne, les Rivières et autres écarts dont les noms existent encore aujourd'hui. L'abbé d'Ainay fit construire sur cette donation un couvent *claustrum*, dont le nom remplaça la primitive appellation.

A la même époque à peu près, le plus riche propriétaire de Lissieu, le seigneur, si on veut, noble Jetier et Gimberge, son épouse, donnèrent à la même abbaye d'Ainay une maison d'habitation, avec les bâtiments d'exploitation rurale, jardin, verchère, vigne et verger, à la seule condition d'avoir droit de sépulture dans les cloîtres de l'abbaye.

En 1300, à une époque où il y avait bien réellement des seigneurs, dame Simone de Lissieu rendit hommage au Chapitre de Lyon, pour son fief de Poleymieux.

En 1339, Guillaume de Lissieu intervint dans le différend survenu entre Guillaume, archevêque de Lyon, et Barthélemy, abbé d'Ainay, au sujet des justices de Chazay-d'Azergues et de Chasselay.

En 1591, le 24 octobre, à l'heure de minuit, le château de Lissieu fut pétardé par les huguenots, et le seigneur, Hugues Athiaud, docteur en droit, ardent ligueur, fut enlevé, garrotté et emmené par les soldats de la compagnie de Latour-Corcenay, au château de la jolie petite ville de Marcigny-sur-Loire, dans le Charolais où, quatre ans auparavant, le duc de Bouillon et le comte de Châtillon avaient été empoisonnés dans un dîner.

Le seigneur de Lissieu n'y dîna pas, ou du moins, on ne lui servit pas un second *dîner de Marcigny*, dont l'historien de Thou disait : « Dieu nous en préserve! » car le jour de la Toussaint de la même année, il put s'évader et revenir chez lui, sain et sauf.

Parmi les seigneurs de Lissieu, nous trouvons plus tard les la Ferrière, dont l'un d'eux fut Philibert de Masso, seigneur de Plantin et de la Ferrière, maréchal de bataille ès-armées du roi et prévôt des marchands à Lyon, de 1675 à 1676.

Au treizième siècle, Lissiacum, Lissiacus, Lisseu, était compris dans l'archiprêtré d'Anse et relevait de la baronnie de Chasselay. Son château, démoli une première fois, en 1132, fut reconstruit plus tard et entouré de bons remparts ; il existe encore en partie ; un portail à machicoulis invite le crayon de l'artiste, moins cependant que la belle porte de la ville dont les trois tours bien conservées commandent la grande route, attirent le regard du voyageur et sont une des belles ruines du département.

A côté du château est l'église qui date de 1682 ;

elle est propre, modeste, et n'a de remarquable que son clocher carré, dont l'élévation hardie anime et embellit le paysage.

Le cimetière touche l'église au nord. Au midi, un petit espace entouré d'une grille de fer, contient le tombeau de Stéphane Guyot de Lissieu, décédé le 14 septembre 1826, à l'âge de 24 ans, ainsi que l'indique son épitaphe :

Hic jacet Steph. Guyot a Lissiis.....

Au-dessous, est un bas relief dans le goût classique de l'époque ; il représente trois personnages en costume romain dont deux, un homme et une femme, disent adieu au troisième qui s'éloigne le visage attristé.

Aujourd'hui, ces allégories laissent l'esprit singulièrement froid ; on sent que ces allusions n'ont pas été faites pour le cœur.

Un très petit groupe de maisons forme le noyau du village. La mairie, deux auberges, un bureau de tabac, quelques petits marchands, le charron, l'école et c'est tout. Le reste des habitants est dispersé, comme nous l'avons dit, dans les hameaux environnants. L'agriculture est florissante ; les coteaux sont couverts de vignobles ; à tous les mamelons, à tous les points de vue se dressent de beaux châteaux plus ou moins modernes : Montluisant, Bois-Dieu, élégante résidence de Madame Fleurdelix, Rocfort, Janzay, sur la colline, la Roue au milieu de vertes prairies, entourées de grands ombrages, et Plambeau qui appartient à la famille de Varax, si connue dans les annales lyonnaises.

La pierre jaune dont sont bâties les maisons de Lissieu donne au village un petit air tout réjouissant et le fait ressembler à ces jouets de Nuremberg qui rendent les enfants si heureux.

En remontant le ruisseau des Gorges qui arrose les prairies, on suit la grande route nationale bordée de peupliers d'un majestueux effet ; on arrive, par une pente douce, au hameau de la Chicotière et on prend, à droite, un ravissant chemin ombragé qui vous conduit au ruisseau de Sémanet. On change de direction, toujours à l'ombre des acacias et des chênes. Le chemin, simple vicinal, n'est plus d'un parcours aussi facile ; mais on est bientôt sur le plateau, et on a un coup d'œil qui dédommage bien de la légère ascension.

On est sous les murs du château du Besson, joli châtelet appartenant à un écrivain lyonnais, M. Paul Bertnay, du *Courrier de Lyon ;* à droite, on voit le beau clocher carré de Dommartin, dont la flèche élancée monte joyeusement dans les airs. Les maisons du village s'étendent en amphithéâtre sur le dos d'une colline ; en se tournant du côté du midi, on aperçoit, dans un massif de grands arbres, le château du peintre André Servant, autrefois à la famille de Foudras, et, malgré son éloignement du village, appelé sur les cartes : Château de Dommartin.

Il faut passer devant le cimetière, descendre au bas du vallon et remonter sur l'autre pli pour aborder Dommartin, riche village qui n'a trouvé l'aisance que depuis vingt ans. Son sol était maigre, les habitants étaient pauvres ; l'orge, le seigle et les prairies étaient les seules ressources du pays. Un industriel vient créer, aux portes du village, une immense fabrique d'engrais artificiel; les habitants en font l'essai, les expériences réussissent; partout les cultures s'améliorent, le froment foisonne, l'opulence vient, le bétail est plus nombreux, mieux entretenu, mieux nourri, et voilà tout un pays régénéré.

Dommartin était, au XVIe siècle, paroisse, château, seigneurie, et appartenait aux abbés d'Ainay. En 1573, nous y voyons Nicolas de Langes, président au parlement de Dombes et au présidial de Lyon, écrivain, protecteur des gens de lettres, et précurseur de l'Académie de Lyon, sa campagne de Fourvière étant toujours ouverte aux beaux esprits du temps qui venaient y faire des lectures. Un siècle après, Dommartin apparténait à Claude Boittier, un inconnu et à Michon, qui prit le nom de Dommartin, ce qui ne le rendit pas plus célèbre. Au XVIIIe siècle, il devint la propriété des Cantarelle et des Laval. Aujourd'hui, c'est à lui-même qu'il appartient.

Une place régulièrement carrée, entourée d'une maison forte, de deux auberges et d'une petite terrasse plantée de platanes, est le centre du pays. Sur la terrasse, au nord, est la mairie et l'école; à côté de la mairie, s'élance joyeuse et pittoresque, l'église pseudo-romane, dont le clocher, parfaitement réussi, monte hardiment vers le ciel.

L'intérieur est modeste, mais convenable; le chœur est éclairé par cinq ouvertures à plein cintre. On vient visiter les fresques symboliques dont

il est orné ; après un profond examen, content de
ceci, mécontent de cela, et comprenant peu, nous
allions nous retirer, rêveur et nous creusant le
cerveau, quand nous avons aperçu, au-dessus du
bénitier, une pancarte, à l'usage des ignorants
comme nous :

« *Sujet de la fresque exécutée dans l'église de
Dommartin, par M. André Servant.*

« Le Monde guidé au Ciel par les trois Vertus
théologales.

« Le Monde, faisant la Charité, dépose des richesses entre les mains de la Pauvreté et tend la
main à l'Espérance qui lui montre la Foi. »

Suivent des réflexions morales.

Il est certain que nous n'avions pas deviné.

Les peintures de M. Frenet, à Charly, aussi
allégoriques, étaient moins obscures. Est-ce une
faiblesse de notre part ? mais en repoussant violemment le naturalisme et le trivial dans les beaux
arts, malgré une vive tendance vers le beau et
l'idéal, nous ne nous trouvons aucune sympathie
pour ces amusettes ascétiques et ces allégories qui
tiennent moins à la sublimité des croyances et du
culte qu'à un jeu d'esprit, bien près de tomber
dans les casse-tête chinois.

On a eu raison de dire que les environs du
Mont-d'Or sont un enchevêtrement de vallons. En
sortant de Dommartin, par la droite, on descend,
on trouve, à l'auberge de la Poterie, une croisée
de chemins, on laisse de côté la grande usine des
engrais chimiques, et l'on monte, à gauche, une
côte assez rapide, chemin villageois et rustique,

assez mal entretenu, qui n'a qu'un mérite, suivre
dans toute sa longueur, du nord au midi, et en la
dominant, la riche vallée de Limonest.

Rien n'est joli comme ce riant berceau de verdure, semé de bosquets, de prairies, de vergers, de
hameaux, d'habitations qui respirent l'aisance et
de châteaux appartenant à la double aristocratie de
la naissance et de l'argent. On contemple à ses
pieds, le bois d'Ars, à la sombre renommée, le
Bois-Dieu, et son opulent manoir, Néty, Rocfort,
Sandar, le Puy-d'Or et on voit courir sur les
flancs de la montagne voisine Saint-André-du-
Coin, la Rousselière et Limonest que dominent
les grands bois et les cimes du Verdun.

C'est donc sans fatigue et toujours distrait par
le plaisir des yeux, qu'on suit le dos de la colline,
jusqu'au moment où, s'abaissant, elle vous offre
d'un côté la vallée de Limonest, les coteaux de
Roche-Cardon et les belles habitations de Champagne et de Saint-Didier ; de l'autre la Tour-de-
Salvagny, Charbonnières et ses grands bois, Saint-
Genis, Craponne, Francheville et toute cette opulente contrée qu'arrose le ruisseau de l'Izeron.

Que le soleil dore le tableau, que les montagnes
bleuissent dans le fond et vous vous demanderez
si la Suisse et l'Italie ont quelque chose de plus
attrayant, de plus pittoresque et de plus beau ?

Dardilly-le-Haut, naguère le Bariot, alors qu'il
n'était qu'un hameau de Dardilly-le-Bas, se présente d'une manière grandiose quand on l'aborde
par le nord ; il offre, dès l'entrée, un château et un
parc de grand effet. Ce château dépassé, on est non

dans une rue de village, mais dans un chemin bordé de loin en loin d'habitations et dominant de riches vignobles et des prairies.

Un peu plus loin, on aperçoit l'église qui se dresse majestueusement sur une place et une esplanade. La tour au pied de laquelle on passe est moderne. Des carrières fournissent une belle pierre aux constructeurs du pays ; l'absence de chemin de fer ou de cours d'eau empêche qu'on ne l'exporte au loin.

Dardilly ne forme qu'une commune, mais il y a deux paroisses. Dardilly-le-Haut, le Bariot, a la mairie et la majorité dans le Conseil municipal. Dans les dépenses, il se fait la part du lion. L'église est sous le patronage de saint Claude ; par jalousie contre la voisine, on l'a voulue belle, grandiose, triomphante. Elle a en effet de l'apparence et de l'éclat ; mais, il faut l'avouer, elle glisse vers la catégorie des églises d'entrepreneurs ; le capuchon qui couronne son clocher nous paraît d'un faire malheureux, et l'ensemble de ce style mi-ogival, mi-byzantin, qui, dans notre région, a produit tant de belles œuvres, manque ici de chaleur et de vie ; on dirait une œuvre de calcul et d'économie, non d'élan, d'art, de croyance et de foi.

Naguère, dans le Jura, nous contemplions le gros bourg des Bouchoux, chef-lieu de canton, lieu important, mais dont les maisons éparses sont disséminées au loin sur les flancs de tous les coteaux, dans le fond de toutes les vallées, au milieu de toutes les forêts de sapins, fortune du pays. Un vieux paysan nous expliqua la cause de cette dispersion.

« Vous voyez, Monsieur, me dit-il, que le bourg
ne se compose que de l'église, de quelques cafés,
de deux ou trois petits magasins de détail et d'une
auberge ; le reste est de tous les côtés : la raison
en est bien simple et je puis vous la donner.

« Un jour, le bon Dieu, regardant de ce côté, vit
un promontoire escarpé, entre deux profondes
vallées ; il jugea l'endroit convenable pour y bâtir
une ville et il chargea un ange d'aller poser une
église à l'extrémité du rocher. L'église étant
lourde, l'ange ne prit avec elle qu'une poignée de
maisons comme à point, et il s'acquitta parfaitement de sa mission.

« Un autre ange, un étourdi, s'empara du reste de
la ville et des faubourgs et il vola rapidement vers
le Jura ; mais en route, on ne sait pourquoi, il fut
pris d'un fou rire ; il ouvrit les bras, lâcha son
tablier et toute les maisons éparpillées roulèrent
au loin, tombant d'ici de là, tournées de bise ou
de vent. On n'a jamais pu les rassembler depuis. »

Que de fois, dans le Mont-d'Or, n'avons-nous pas
songé à cette manière de planter des villes et à cet
ange laissant rouler les maisons du haut des nuages,
au grand détriment de l'ordre et de la régularité !

Peu de villages de cette riante contrée ont été
bâtis autrement. Dardilly surtout est un modèle.
On dirait que l'ange a jeté ses habitations sur la
terre comme un semeur jette son blé. On trouve
difficilement deux maisons qui se tiennent.

C'est cette dispersion qui a créé deux paroisses.
Dardilly-le-Bas était le centre primitif, le groupe
créé par les Romains, le refuge des temps féodaux,

le lieu où s'élevaient la puissante forteresse des
archevêques, l'église, le prétoire et tous les bâtiments de l'administration.

La richesse et la beauté du pays ayant attiré des
habitants vers le haut de la colline, la sécurité
étant aussi complète loin de l'autorité que près
d'elle, la colonie est devenue aussi puissante que
la mère patrie, et l'intérêt s'en mêlant, la vanité
aidant, il y eut scission.

C'est en effet à Dardilly-le-Bas que les Romains
avaient établi une station, une villa, un bourg
dont les débris se retrouvent chaque jour et
auquel on accédait par une voie qui existe encore
et qui se révèle par de larges pierres plates d'une
autre nature que les pierres du pays. C'est la *rue
profonde* qui descend vers le sud-est, traverse le
ruisseau et, à travers bois, remontant sur le plateau voisin, conduit à Ecully et à Lyon.

Quel était ce Dardilius qui, suivant les historiens, aurait créé notre village ? On ne le sait pas
encore ; en tous cas, c'était un homme de goût. Son
œuvre lui survécut et il aurait de la peine à la
reconnaître aujourd'hui.

Son nid d'aigle en effet n'avait alors que l'avantage d'un air pur et d'une vue immense. De grandes
forêts l'entouraient ; des pentes escarpées le proté-
geaient ; mais l'argile couvrait le granit sur tout
le bas du plateau. Pendant tout le moyen âge,
les pauvres serfs ont eu de la peine à trouver leur
vie sur ce sol ingrat ; aussi étaient-ils peu nombreux. Aujourd'hui, l'intelligence et le courage ont
tout changé ; on a miné le sol ; une culture appro-

priée à la terre a donné le bien-être à la population qui a grandi et qui, sortie de son castrum fortifié, se répand de partout aujourd'hui. Les récoltes se portent à la ville et l'aisance générale s'accuse par le confortable des habitations.

A la configuration du pays, on peut conjecturer que, bien avant la conquête de Rome, les Gaulois avaient occupé ce poste si bien à l'abri de toute surprise de la part d'un ennemi.

Puis, aux Romains, comme partout, succédèrent les Bourguignons, les Francs et la féodalité. Dardiliacum est cité dans le Cartulaire d'Ainay, à propos d'un acte de 1023. Il appartient désormais à l'Église et celle-ci est trop habile pour négliger son admirable position. Au commencement du XIII° siècle, le grand constructeur de forteresses, l'archevêque Reynaud II, comte de Forez, y fit élever un refuge ou château, vaste, circulaire, à murs épais, privé des tours et des donjons adoptés par l'art militaire du moyen âge, mais du côté du plateau entouré de fossés profonds, et contenant une église, des citernes et un puits d'une très grande profondeur.

La porte au midi, sur l'emplacement de la place actuelle, était soigneusement fortifiée, avec pont-levis.

C'est dans cette enceinte circulaire que les serfs et manants habitaient, sous la protection et le commandement d'un chanoine-comte de Lyon en temps de guerre; d'un délégué pendant la paix.

Sous les comtes de Lyon, Dardilly était paroisse et village. En 1582, il dépendait des de Langes qui y avaient droit de suzeraineté. Au siècle dernier, il appartint à la famille de Lacroix-Laval, qui en jouit jusqu'en 1789 ; il relevait de l'élection et sé-néchaussée de Lyon,

Le mamelon de Dardilly, déjà remarquable par son isolement, est aussi curieux par sa composition géologique. En effet, il constitue un tout petit îlot de trias assis sur le granit.

Cette formation, composée d'argile ou de grès, a dû disparaître de la contrée, dissoute et entraînée par des courants postérieurs, des mers ou l'intempérie des saisons.

Cet îlot n'a été sauvé d'une destruction complète que par le massif du Mont-d'Or qui lui a servi de rempart ; il domine les dépôts de marnes et de grès que les océans ont déposés autour de lui, longtemps avant l'apparition des mammifères sur la croûte terrestre.

La colline est baignée, au levant, par le ruisseau des Planches, qui prend sa source au plateau des Bruyères, au lieu dit Basse-Garde, à une altitude de 364 mètres, pour se diriger vers Ecully, Vaise et la Saône.

Dardilly offre deux attractions au touriste, un monument et un souvenir.

Le monument est son église, œuvre sérieusement remarquable, création puissante qui fait le plus grand honneur à l'architecte, M. Bernard le père, dont le nom n'a pas la célébrité qu'il mérite. C'est au même artiste qu'on doit la belle église de Saint-Cyr, qui ne sera suffisamment appréciée que lorsque son clocher sera construit.

Pendant que l'Italie restait fidèle à l'architecture lombarde qu'elle avait inventée et qu'elle n'admettait que de rares spécimens de l'ogive, sous la pression des princes allemands, ou le caprice de quelques architectes du Nord, l'architecture ogivale, de quelque pays qu'elle vînt, couvrait la France, l'Allemagne et l'Angleterre de ces temples magnifiques, si prodigieusement empreints de vie et de sentiment religieux que les sociétés maçonniques rêvaient, que leurs architectes dessinaient, que leurs entrepreneurs bâtissaient, que les folliagiers, les imagiers, les verriers ornaient, au delà du Rhin, dès le dixième siècle, à Naumberg, Minden, Hildesheim ; dès le onzième à Coutance, à Saint-Germain-des-Prés, à Brandebourg, Schewerin, Bamberg, et dont le douzième siècle nous a laissé de si splendides spécimens. Mais pour obtenir ces poèmes de pierre et de marbre qu'on voit à Chartres, Amiens, Beauvais, Reims, Bourges, Auxerre, Metz, Rouen, Strasbourg, un homme n'eût pas suffi ; un seul génie n'eût pu tout créer, conduire, exécuter ; il fallait un peuple, une légion, une tradition et quand on voit un homme lutter corps à corps et seul contre le colosse, on doit, s'il n'est pas terrassé et vaincu, le saluer d'applaudissements rien que pour son audace, rien que pour avoir entrepris.

M. Bernard a lutté audacieusement ; il a créé une œuvre éclatante qui fera vivre son nom ; il ne s'est pas contenté du roman, facile et banal, pont aux ânes des entrepreneurs. Hardi comme ClairTisseur, à Lyon, comme deux ou trois autres, il s'est, sans

trembler, attaqué à l'ogival, à l'architecture de la
pensée, du sentiment, du génie. Qu'il reçoive, aujourd'hui qu'il est mort et que la postérité commence, qu'il reçoive et qu'il accepte nos plus sym-
pathiques bravos.

Le clocher de Dardilly s'élève à une grande hauteur et avec énergie ; on l'aperçoit de tous les points
du Lyonnais. Il affecte le style clunicien, si fort, si
austère, si religieux. Sa flèche octogone repose sur
une base carrée entourée de clochetons d'un merveilleux effet. L'église est à plein cintre et à trois
nefs. Elle a une chaire en marbre avec incrustations
et de beaux vitraux dont l'un fait allusion à une
prophétie annonçant la naissance d'un saint à Dardilly. Ce saint, on l'a nommé, c'est le célèbre curé
d'Ars, l'abbé Vianey, dont la cour de Rome prépare, en ce moment, la canonisation.

De son vivant, on s'en souvient, la Compagnie
P.-L.-M. avait établi un service spécial de correspondance pour les pèlerins qui allaient le visiter
dans sa petite paroisse de la Dombes.

Ce souvenir est donc celui de cet humble prêtre,
si méconnu dans sa jeunesse qu'on ne voulait pas
lui donner la prêtrise. Dans la partie basse du village est la maison où il né. Une vaste cour la précède. Au rez-de-chaussée, est la chambre commune.
Une alcôve, où il couchait dans sa jeunesse, offre
encore aujourd'hui le bois de son lit, divers meubles, divers objets lui ayant appartenu, des vêtements, l'écuelle qui servait à ses repas, et les petits
présents qu'il faisait aux membres de sa famille :
des croix, des images, des médailles, des chapelets,

humbles petits objets qui révèlent autant de foi que de pauvreté.

On dit que les habitants de Dardilly, fiers de leur saint compatriote et jaloux de l'immense concours de pèlerins qui se rendaient à Ars, voulurent, un jour, enlever le bon curé et le ramener, de gré ou de force, à la paroisse où il était né. On ajoute que plusieurs étaient armés. Il partirent nombreux et résolus. Nous ne savons ce qui fit manquer l'expédition : l'enlèvement n'eut pas lieu.

Sa famille était ancienne dans le pays, mais le nom va s'éteindre ; le neveu du curé d'Ars n'a pas d'enfant.

Pour se rendre de Dardilly à Lyon par Ecully, on descend la *rue profonde* entre le bois des Serres à droite et le bois de Sève à gauche ; on traverse le ruisseau des Planches, et après une assez rude montée, on gagne le plateau, couvert de châteaux et de maisons de campagne, à l'extrémité duquel se trouve le riche et orgueilleux bourg d'Ecully.

Au fond du vallon qu'arrose le ruisseau, sous un épais rideau de saules, d'aulnes et de peupliers, se voyaient naguère les débris de l'aqueduc du Mont-d'Or, le premier construit par les Romains dans ce pays ; les dernières arches ne sont tombées que dans ces dernières années et un habile graveur, M. Baron, a pu encore les représenter, en 1830, dans toute leur élégance, leur grandiose et leur splendeur.

Elles étaient d'un tout autre style que celles de Mornant, de Soucieu, de Chaponost et de Beaunan.

Ecully, *Excoliacus*, d'après une charte de 980, *Exquiliæ*, nom dont nous ne comprendrions pas l'origine si au lieu d'*Esculetum*, lieu planté de chênes, on le faisait venir d'*Esquiliæ*, ordures; *Exquilinus ager*, *Escuillen*, d'après un pouillé du treizième siècle, ne se souvient plus d'une page terrible de son histoire, quand les bourgeois de Lyon, irrités contre l'archevêque et le chapitre, vinrent l'assiéger, le prirent, massacrèrent une partie de sa population et en brûlèrent une autre dans l'église. Aujourd'hui, c'est le bourg le plus opulent des environs de Lyon, celui qui possède le plus de châteaux, de parcs et de riches habitations disséminés sur toutes les pentes de ses collines et de ses vallons, dans les situations les plus riantes et les plus heureuses. C'est le bourg aristocratique par excellence. Les millionnaires y affluent et, le dimanche, aux offices, l'église rivalise pour le luxe des toilettes avec Ainay ou Saint-François, les fières églises de Lyon.

Malheureusement, de ce luxe, de cette opulence, le public ne jouit pas. Chacune de ces belles villas est close chez elle; de grands murs suivent tous les chemins, et ce n'est qu'introduit au sein des opulentes familles qui passent ici leur été, qu'on peut apprécier de quel confortable, de quel bien-être elles s'entourent.

Les Romains avaient apprécié cette position et ils l'aimèrent. On dit qu'ils y avaient établi un camp. C'est une erreur; tout au plus pourrait-on dire que des légions y ont campé provisoirement, quand elles construisirent les aqueducs qui allaient du Mont-d'Or à Lyon.

. Une église, due au talent de M. Benoit père, offre un des premiers essais de ce genre hybride si à la mode aux environs de Lyon, dans lequel on trouve un peu de tout, même de l'ogival et du roman ; celle-ci a trois nefs à plein-cintre et des colonnes corinthiennes, sans préjugés ni parti pris ; la chaire, en marbre blanc, est ornée de bas-reliefs représentant les Apôtres. La place qui l'entoure est vaste, propre et entourée de beaux tilleuls.

La terre est si chère qu'on ne trouve ici ni agriculteur ni fermier. Tout est clos, parc ou jardin. Les domaines qui n'appartiennent pas à de riches propriétaires, sont aux mains de jardiniers fleuristes réputés dans tout le département. Les uns ont la spécialité des dahlias, les autres des roses, les autres des fruits. L'un est renommé pour la construction de jardins anglais, l'autre fait des kiosques, des serres ou des ponts, des vases rustiques ou des instruments de jardinage. Tous sont médaillés et le méritent, car leurs efforts sont guidés par le talent, l'habileté et le bon goût.

En descendant vers Lyon par le Pont-d'Écully, on trouve l'*Institut expérimental d'agriculture du département*, créé par M. Terver. On y fait des conférences et on y prend des internes trop peu nombreux. Cet établissement nait à peine. Souhaitons-lui plus de bonheur qu'à la Saulsaye, créée par un autre homme de mérite, M. Nivière, pour faire de la grande culture, et tuée parce que l'art y tenait trop de place ; les établissements de ce genre trop souvent succombent, là où le paysan obtus et routinier réussit, élève sa famille et met de l'argent de côté.

En descendant au pied de la colline, on se trouve sur la grande route de Lyon à Bordeaux ; on est dans le faubourg de Vaise, à l'entrée de Gorge-de-Loup.

Nous avons fait le tour du Mont-d'Or et, en quittant ces paysages ravissants, disons avec un écrivain mort en 1822, mais Lyonnais jusque dans la moelle des os :

« Le charme y est partout, dans les airs, dans les eaux, sur le sol ; on le sent, on le voit, on le respire. On voudrait être né dans cette vallée délicieuse ; le bonheur serait d'y vivre ; il en coûterait trop d'y mourir. » Bérenger, *La vallée du Mont-Cindre.* (Manuscrit).

Que l'auteur appelle *montagne* ce qu'il nomme ici *vallée*, qu'il enveloppe sous ce nom tout le groupe du Mont-d'Or et nous serons de son avis.

Aimons-la donc cette contrée tout entière, où tant de richesses artistiques et scientifiques abondent !

Vivons-y joyeusement, allégrement, le pied léger, le cœur ouvert, en parcourant ses sentiers boisés, ses vallons touffus, ses côtes, ses collines, en gravissant ses pics, ses cimes, et en respirant à pleins poumons son air si pur qui donne jarrets solides, pied sûr, œil ouvert, contentement, force, énergie et santé.

Aimons-la surtout pour une cause sacrée : c'est la patrie !

TABLE DES MATIÈRES

3810. — Imp. A. WALTENER et Cie, 14, rue Belle-Cordière, Lyon.

OUVRAGES DU MÊME AUTEUR

Les Bugésiennes, poésies. Lyon, Boitel, 1848, in-18.

Les Voyageuses, poésies. Lyon, Boitel, 1848.

Deux Nouvelles Foreziennes. Lyon. Boitel, 1851.

Histoire des Journaux de Lyon, première partie. Lyon, Boitel, 1852, in-8.

Catalogue de la Bibliothèque lyonnaise de M. Coste. Lyon, Louis Perrin, 1853, in-18, 2 vol.

Fleury Epinat, peintre lyonnais. Lyon, Vingtrinier, 1854, in-12.

Les vieux Papiers d'un imprimeur, prose et vers. Lyon, Vingtrinier, 1859, in-8.

La Tour de Saint-Denis en Bugey. Lyon, Vingtrinier, 1860, in-8, planche.

Documents sur la famille de Jussieu. Lyon, Vingtrinier, 1860, in-8.

Note sur l'invasion des Sarrasins dans le Lyonnais. Lyon, Vingtrinier 1862, in-8.

La Paresse d'un peintre lyonnais. Etude sur Trimolet Lyon, A. Vingtrinier, 1866, in-8.

De la suppression des Brevets d'imprimeurs et de libraires. Lyon, A. Vingtrinier, 1869, in-4.

Anne de Geierstein, grand opéra en cinq actes. Paris, Arnauld de Vresse, 1870, in-12.

Les Richesses de M. Alexis. Lyon, A. Vingtrinier, 1871, in-8.

Histoire du Château de Varey en Bugey, Lyon, A. Vingtrinier, 1872, in-8, planches.

Léon Cailhava, bibliophile lyonnais. Lyon, 1877, in-8.

Un poète oublié, Claude Mermet, de Saint-Rambert en Bugey, Lyon, 1878, in-8, planche.

Henri Marchand et le Globe de la Bibliothèque de Lyon. Lyon, 1878, in-8.

La Statuette d'Oyonnax. Lyon, Georg, 1882, in-18, planches.

Les Vieux Châteaux de la Bresse et du Bugey. Lyon, Georg, 1882, in-8, planches.

Fantaisies lyonnaises. Lyon, Storck, 1882, in-8.

Montessuy, peintre lyonnais. Lyon, Waltener, 1883, in-8.

En collaboration avec M. Désiré Monnier : *Croyances et Traditions populaires*, recueillies principalement dans la Franche-Comté, le Lyonnais, la Bresse et le Bugey. Lyon, 1874, in-8.

--->*<---

Imp. Waltener et Cie. — Lyon.

www.ingramcontent.com/pod-product-compliance
Lightning Source LLC
Chambersburg PA
CBHW070409090426
42733CB00009B/1591